born to be free

Jac O'Keeffe

生まれながらの自由

あなたが探している自由はあなたの中にある

ジャック・オキーフ 著

五十嵐香緒里 訳

ナチュラルスピリット

BORN TO BE FREE
by Jac O'Keeffe

Japanese translation published by arrangement with Jac O'Keeffe
through The English Agency (Japan) Ltd.

はじめに

『生まれながらの自由（原題“born to bo free”）』は優れた文芸作品として書かれたわけではありません。もしかしたら、文章のトーンや言語、表現などが好きになれない場合があるかもしれません。たとえそうであっても、この本を投げ出したり、本のメッセージの理解を決してあきらめないでください。マインド（思考する心）がさまざまな理由でこの本を拒否しても、かまわず続けてください。ここに示された真実をあなた自身に共鳴させ、内なる叡智にこの本の判断をまかせましょう。

思考や信条を超越し、あなたは誰か、真実を知ることへの抵抗が、この本を読んでいる間に何度も繰り返し起こるでしょう。

一章ごとに少しずつ読み、必要に応じてまた読み返すという方法で進みましょう。特に最初に内容をつかめない時には、このリズムを大切にしてください。週末に読み切ってしまおうと焦らずに。そうすれば、この本を最大限に生かすことができるでしょう。

目次

序文

この本は、永遠の幸福へのダイレクト・パス（直接的な道）を、輝く光で照らすガイドです。人間としてのあるがままの真実、自由と喜びに生きる素朴さについて、理解を深める本といえましょう。今ここで、尽きることのないマインドの安らぎと、ハートの開放を手にすることができるのです。人間本来の、自然の状態に在ることができるのです。あらゆるものを支える疑いようのない真実に、今この瞬間気づくことができるのです。この小さな本には「あなたは誰で、何であるのか」、その本質に導く大いなるメッセージが込められています。

大人であれば誰でも、真実とは何か、本を読めば知的レベルで理解することはできます。しかし疑いようのない真実の体現―悟り―は、どんな本も、セミナーも、師も教えることができません。この本もまたそういった本であることに変わりはありませんが、今あなたが手にしているこの本は、すべてであるものとあなたの役割について明確に、一歩ずつ解説しています。それをどう受けとるかはあなた次第です。もし究極の真実を知りたいという熱意があるのなら、ただここに示された道しるべに従ってください。実践的なステップに沿って進むに従い、苦しみは消えていくでしょう。そして内なる喜び、安らぎ、幸福が内面に生まれます。この本と正面から取り組む勇気があるのなら、「あるがままの本当の自分」を発見できるのです。何もあなたの本質を阻止することも、邪魔することもできません。調和のとれた自然な状態―**存在（being）**へと還っていくのです。

happiness **1**

幸福《しあわせ》

何があなたを幸福にしますか？　その何かを手に入れたなら、ずっと幸福でいることができますか？　それとも、それはつかの間に過ぎていくものでしょうか。また、幸福とは未来にあり、最終的にたどり着くものでしょうか。こうすれば幸福になるという処方箋はありますか？　処方箋を適応すれば、本当に幸福になれるのでしょうか。そして何よりも、その幸福は永遠に続くものですか？

幸福とは、理想の恋人、家、仕事を手に入れることでしょうか？「幸福は未来にある」という観念を信じているなら、幸福は遠いどころか、決してやって来ないと断言していいでしょう。永遠に幸福を待ち続けることになります。

幸福とは、ありのままの自然な状態からわき出る直接的な経験です。その源はマインドの外で静かに息づいています。マインドには、本来の永続する幸福を受け入れ、理解し、解釈する能力がありません。気分のいい体験や、一時的な快楽は幸福ではありません。すべての人が共通して持つことのできる幸福とは、永続的、普遍的で、どんなものにも乱されないものです。

もしあなたが、今までの人生で一度も幸福を体験したことがないとしたら、幸福を感じるために、まず幸福とは何かを知る必要があります。メソッドやテクニックを使うのではなく、幸福を理解するための単純な路がここに用意されています。〝自由に生きる〟という絶対的な幸福のための鍵は、現実に、今あなたの手の中にあります。

「自分は幸福になる権利などはない」と思いますか？　世の中にはたくさんの苦しみがあります。そのため、自分が幸福になることを拒絶している人もいます。過去の行動によって、自分に罰を与えることに価値を見出している人もいます。幸福とは他人が味わうものであって、どういうわけか自分には味わえないと信じているのかもしれません。これらはすべて、人間のマインドがつくりあげた概念で、幸福との距離をさらに広げてしまうだけです。

個人的、職業的なゴールを達成すれば、相対的な満足は得られます。すべてを持っているように見える人たちもいます。素晴らしいパートナー、魅力的なライフスタイル、物質的な豊かさ……。しかし、そういったものを得た人生に慣れてくると、やがて、それほど楽しいものではなくなってきます。人生に与えられるさまざまなものは、しばらくの間は気を紛らわせてくれますが、個人的、または職業的な〝達成〟や〝成功〟が目新しい時期は、遅かれ早かれ終わりを告げます。このパターンに気がついた時、他のゴールを設定しても、またすぐに不満と空虚感という同じ場所にたどり着きます。そして再び、幸福探しは続くのです。

現代社会の中では、永続的な幸福について教えてくれる、手の届きやすいモデルはありません。商業主義、経済成長主義の時代に、私たちの本質的な幸福への渇きは、ビジネスの道具として巧妙に搾取されています。洗練された現代的マインドは、幸福の概念を、あたかも、私たち一人ひとりが努力して到達するもののようにつくりあげました。社会的な地位や役割を手放すことは、幸福になるチャンスを逃すことだと信じている人も少なくありません。ドロップアウトとは、社会のペースについていけず、負け組になることなのでしょうか。

この方法で人生というゲームをプレイするなら、人生はそのルールにより定義されてしまいます。人生の歩み方にはいろいろあります。静かに目を閉じて、自分に問いかけてみましょう。人生の脚本を自分自身で書きたいですか？　それとも、社会や、外の世界を支配する力に書いて欲しいですか？　これはあなたの選択です。この質問に限らず、選択はあなたの手に、今ここにあることに気づいてください。

あなたにとって幸福とは何でしょう？　それは旅行に行った時に感じる感覚のようなものですか？　子どもと遊んでいる時、ゴルフコースでプレイしている時、金曜日の夜に一杯やることが幸福なのでしょうか。

もし、幸福が外側の体験によってもたらされたものであれば、それは幸福を感じているのではありません。よい気分を味あわせてくれる外からの体験――仕事のプレッシャーから解放された時、アルコールでリラックスし、マインドの外に出た時、自然の中にいる時、子供と遊んでいる時――は本物の幸福の要因にはなり得ません。これらの日々の体験は、価値のある気晴らしを与えてくれる、悦《よろこ》びと息抜きにすぎません。日常からの逃避にはなっても、本物の幸福とは違うものです。

「もし海辺に建つ家を持っていたら、幸福になれるかもしれない」と思うとしましょう。この思いはやがて、欲望へと発展します。それを手に入れるために努力するのもいいでしょう。そして念願の海辺の家を手に入れた時、この欲望は自然に弱まり、本来の静けさがマインドの中に生まれます。欲望が満たされたことで、今やあなたは、幸福だとさえ思うかもしれません。しかし、その幸福は長続きしません。なぜでしょうか。

幸福とは、特質や特徴ではなく、また、海辺の家に住む人に与えられるような類のものではありません。家がどこにあろうとも、幸福を創造する機能はありません。対象物を得ることで幸せが手に入るなら、すべての人が同じレベルの幸福を見つけられるはずです。一方で、同じ家に住んでいても、孤独や孤立を感じる人もいるでしょう。幸福の質は、どんな物の中にもありません。海辺の家が、あなたを幸福にするものではないとしたら、欲望の対象を手に入れた時、その幸福の感覚はどこからやってくるのでしょうか。

幸福は内なる場所から生じます。生まれながらに備わったあなたの本質です。思考は、あなたがその天性の質を楽しむ邪魔をします。思考はあらゆる欲望を創造し、欲望は私たちを夢中にさせます。マインドは、欲望の対象を得さえすれば、幸福が手に入ると主張します。しかし、自然な感覚である幸福は、マインドが静かな時、あなたの内面にただ生まれます。あなたの本質である幸福は理由を必要としません。理由のない幸福を生きる——それがあるがままの状態です。欲望が満たされると、欲望は一時的におさまり、マインドはしばらくの間休みます。欲望のない状態、思考のない状態は、内なるものを経験させてくれるのです。

管理されていないマインドは、他の欲望を代わるがわる提示します。「次はこれを手に入れたらすべて完璧！　萎えてしまった幸福を復活させられますよ」と説得を試みるでしょう。この仮の幸福は、欲望が弱まっている間は楽しめます。その状態の中にも、理由のない幸福の瞬間があります。しかし、マインドはすぐに乗っ取り、仮の幸福をもたらす対象を提供し、幸福の状態を何度も体験したいと望む繰り返しがまた始まります。欲望と、欲望の源であるマインドを管理すれば、いつもそこにある本来の幸福の中で、安らぎを楽しむことができるようになります。幸福は自然な状態であり、欲望、思考、感情、努力、目的、そしてお金を必要としません。

幸福を経験しているという感覚は、周囲の状況によって変化しません。それは〝人間の生活〟という外側の体験からは得られません。それは私たちの中にあり、潜在する人間の生命力の本質です。幸福は外の状況とは離れて、独立して存在します。ですから「パートナーが死ぬまでは幸せだった」のでは、幸福を理解しているとはいえません。それは幸福ではありません。なぜなら、幸福は人生に何が起ころうとも、与えられたり、取り上げたりできるものではないからです。それは内面的本質であり、不変であり、継続しています。静かで、穏やかで、完全です。何も探さない、求めない、**完全なるもの**そのものなのです。完全なるそれにアクセスするには、静かにリラックスし、思考と関わらないようにすることが大切です。つまり、幸福を妨げている唯一のものは、あなた自身なのです。すでにある何かを見つけようと外を探し続けることは、内面から、気を逸らしているにすぎません。「幸福の追求」には根本的な欠陥があります。外からは決して得られることはなく、それを追い求めれば結局は虚しい結果に終わるのです。幸福は追求するものという考え自体が間違いです。

幸福とは、あなたの内にある自然なリズムです。底引き網でマインドの中を探しまわり、答えを見つけようとする限り、見つかりません。すべての外的状況、活動、所有物、そして出来事は、マインドを楽しませるためにデザインされています。しかし幸福は、マインドの領域にはありません。その機能や能力の外にあります。あなたの注意を自分の本質に向けるという領域にあるのです。「理由のない幸福」を感じ、経験するには、意識的に、無意識的に、思考に対する興味を手放すことが必要です。

物質や人物、状況があなたを幸福にすることはできない——一度このような理解を得たら、新たな可能性に向けて一歩踏み出す時です。多くの人は人間関係に過大な期待を寄せ、プレッシャーをつのらせています。より刺激的な性的気晴らしを与えてくれる誰かを探す人もいます。幸福を他の人から得ようとすれば、それなりの結果になるだけです。また、ある人は鬱になり、人生の幻滅を体験します。何ものにも意味が無いことがはっきりわかったのです。何もあなたを満足させない時、生きる動機はしぼんでいきます。しかし、「真実」ではこの時こそ、祝われるべき時なのです。「目的」と「意味」への探求が、熟し始めたのです。

選択が示されました。真っ向から正直に人生を眺めてみましょう。あなたの人生の「目的」と「意味」は何かという難しい問題に向き合ってください。さらに深く、あなたは何者であるか自分自身にたずねてみてください。「真実」を知りたいという切なる思いをはっきりと表明したくなるかもしれません。変化を起こすには、危険を冒すこと、そして未知の領域に足を踏み入れることも必要です。

もう一つの選択は、以前と同じようなやり方を続け、世界はあなたを満足させないことに服することです。やがて感情的な痛みが耐えられないほどになった時、アルコールやドラッグに走る人もいれば、医療として薬を受け取る人もいるでしょう。それが、スピリチュアルな智識や幸福を理解したいという切望への、社会からの回答なのです。「人生には、自分には、もっと何かあるのではないか」という認識は、始まりであり、ゴールではありません。この道を歩き始めるという選択は、完全に意識してされなければいけません。入れるかどうかを決める前にチラッと中をのぞけるような、ワンダーランドのうさぎの巣穴ではありません。単純に二者択一です。危険を冒すか、以前のままでいるか。身の安全を図りたいという気持ちはわかります。でもその思いにただ気づき、一歩踏み出すのです。

この本は、真実のあなたを見つけ、そこで安らぐための道しるべに満ちています。もし、この本のワークを実践するなら、人生の外的な変化はもとより、内的世界は飛躍的に変化します。結果については考えないことです。マインドにコントロールさせてはいけません。変化は起こります。それでも大丈夫です。ただ状況が状況自体の面倒を見ると信じるのです。何が起こるかコントロールできなくても、それでいいのです。真実の理解への道を歩き出せば、すべてはふさわしい方法に収まっていきます。常にそうなのです。しかし、探求の動機が単に好奇心からであれば、マインドが依然として取り仕切り、コントロールするでしょう。そしてこのワークを、知的な、アカデミックな訓練として判断してしまい、開かれるはずの可能性が失われてしまいます。

あなたは、情報を収集・分析し、そこから理解を得ようとしますか？　その方法はいつも理屈を越えた理解へと導いてくれますか？　洞察を得る代わりに分析するという方法は、学習のためには効果的です。マインドは少なくともこの方法から学びます。多くの人たちが、新しいアイデアを情報として消化するだけで、実際にこのワークを実践しようとはしません。マインドは知識を理解するという感覚が好きです。適切だと思えば受け入れ、そうでなければ拒絶するゲームを繰り返し、つかの間の満足を得ます。

思考の性質は「疑うこと」です。たとえこのワークに引かれ、決心とともに臨んでも、次第に疑い始め、刺激を求めて一時的なものに気を奪われるというサイクルを間もなく再開するでしょう。この過程の間、マインドがあなたを管理しています。思考が自然に止んでいる時、疑いが始まる前に、マインドをそのまま片づけておくことはとても重要なステップです。多くの人はそれをせずに道しるべに従おうとしますが、それは無理な話です。スピリチュアルな実践においては、マインドを積極的に片付け、無視する必要があることを覚えておきましょう。はじめは、普通のマインドの領域外で「実行し、行動し、練習する」という努力が必要になります。マインドが精一杯抵抗してくると覚悟してください。このワークを実践するということは、マインドのあらゆる技術や概念をゆるませ、手放すということです。マインドはスピリチュアルの領域ではあまり役に立たないのです。

まず手始めに、あなたの内なるどこかで幸福を認識できるか、確認してみましょう。もし、何が幸福ではないかがわかれば、逆に幸福とは何かがわかるかもしれません。人はみな、幸せは内なる場所にあると知っています。それを経験する人もいます。この「真実」への道は、幸福だけでなく、それ以上のものへと続いています。多くのものが、あなたのマインドを超えて眠っています。幸福を感じたいという欲求のために、無限の可能性を制限しないでください。そしてこの道が、どこへ続くのか見てみましょう。

この本は、マインドを超越し、家族や社会、そして自分自身が課したアイデンティティの向こう側にいるあなたは本当は誰なのか、徹底的に探索するよう提案しています。深遠なる聖域を、自分自身ではっきり見た時、あなたは誰なのでしょう。淀んだごまかしの向こう側にいるあなたは誰ですか。

完全に正直になりましょう。その奥深くに、優しさや、穏やかさ、そして安らかな本質があるはずです。あなたがそこで見つけたものを見せてください。そこから、マインドの理解をはるかに越えたものへの扉が開きます。あなたは、あなたの思考ではないという理解に備えるのです。１日およそ9万個ほどの思考があなたを通り過ぎます。しかし、その思考はあなたではなく、あなたを定義するものではありません。体験と苦しみ、思考に現実味を与える記憶を剥ぎ取ったら、そこには何が残りますか？　記憶は、遠い昔のものとして眠らせ、無視したほうがいいのです。その時、体験はとても有効でした。体験が私たちをここへ連れてきたのですから。ただ、体験に余計な価値を与えないことです。それはあなたをこの場所に連れてきた、それだけです。体験を快適な毛布のように引きずるのはもう止めましょう。その最も価値のある学びの部分を刈り取ったら、今この瞬間、本当のあなたでいてください。

マインドはあなたの注意を、今この瞬間から逸らすため、あらゆる出来事を利用します。マインドは品質管理をしません。ストーリーや、過去や、想像上の未来からくる感情を吐き出し、気を散らし、本当に大切なものに注意を向けることができません。マインドは常に、過去または未来を、今として提示します。内なる道を歩いていくうえで、自分は本当に誰であるのか、ここで何をしているのかという問いの答えを探しても、マインドはそれに対応できません。それどころか、その力を総動員して邪魔をし、「現実の生活」とよばれるものに引き戻そうとします。

マインドは**究極の現実**《リアリティ》とは何か全く理解できない、これが事実なのです。マインドは、この世界であなたが効率的に機能するよう助ける道具であり、その機能ゆえ限界があります。日々の暮らしの小さな疑問から、科学や哲学にいたるまで、すべての問いに対する答えは、あなたの内にあります。本当にすべての答えがあるのです。ただし、信じている思考と、概念をすべて捨ててしまうことが条件です。あなたにもしその気持ちがあるのなら、真実への扉はいつでも開いていています、さあ、行きましょう！

experience **2**

体験

「私は誰か?」という質問に、マインドは必ず、個人的、社会的なプロファイルで応じます。あなたの名前、年齢、性別、学歴、資格、職業、配偶者の有無、性格、国籍、宗教などは、現実社会で生きるうえで有利に働くアイデンティティかもしれませんが、それはあなたですか? それとも、意識するしないにかかわらず、家族、社会、そしてコミュニティーと向き合うため、あなたとして同意した仮面ですか? もちろんこれらにも価値はあります。手に入れるためには、それなりの努力も必要だったことでしょう。しかし、物事の目的や意味についての疑問に対して、これらの定義は満足のいく答えを与えてはくれません。

そもそも、外面的なあなたと内面的なあなたがいるのでしょうか? プライベートな自分と公的な自分？　言うまでもなく両方ともマインドの創作です。地球上の「思考する人たち」の安全基準と言ってもいいでしょう。

個人的なアイデンティティは、記憶から成り立っています。そこには感情的思考、欲望、古傷、恨み、自分を傷つけた人、そして自分が傷つけた人たちのリスト、恐れなどが蓄積されています。私たちは失った愛の記憶にしがみつきます。そして、手が届きそうで届かなかったチャンスのストーリーや記憶――状況が違っていたら、すべてを変えられたかもしれないのに――という考えを持ち続けています。そのような過去の記憶から成り立つ考えは、現在の体験を歪め、未来に影響を与えます。経済や生活の安定に関する恐れ、自分自身に対する恐れ、身の安全や地球の未来、死後の世界に対する恐れまで、リストには終わりがなく、多かれ少なかれ誰にでも、同じような恐れのコレクションがあります。眠れない夜の暗闇でマインドが反芻しているものは、子供時代に刻み込まれた課題であることがほとんどです。

子供の時に起こった出来事の多くは、私たちを傷つけ、自尊心を失うきっかけをつくります。たとえば、得意ではない行事に強制的に参加させられ、うまくいかず批判されたことはありませんか？「あなたの意見は馬鹿げていて価値はない」と感じさせられ、何も聞いてもらえなかったことは？　保護者である大人と一緒にいても安心できずに、性的、または肉体的な虐待を受けたことのある人も、珍しくないでしょう。

このような体験は、多くの人の人生の一部になっています。もしこのように、よろこばしくない過去の体験を思い出し、感情的な反応が生まれるのなら、明らかにそれを手放すことが必要です。感情的エネルギーを記憶に費やしたり、未来に対する恐れを抱くことは、健やかさを蝕《むしば》み、結果的に、自分に対する信頼を粉々にしてしまいます。過去と関連したすべての傷、あらゆる感情は、準備が整いさえすれば手放すことができるのです。

確かに人それぞれ違う反応を示します。しかし、ここで重要なのは、子供の頃の体験ではなく、それにどう対処し、どのように人生に統合していくかという課題なのです。比較的無傷で切り抜けた人たちは、自分についてよく知っています。彼らは、自分がどんな人間なのか、しっかりと把握しているのです。体験もまた人生の一部として起こるということをただ理解し、受け入れ、概して個人的な問題として見ていません。一方で、世の中との関わりに不安を持つ人たち、何か確かなものを見つけようとして必死に格闘する人たちは、毎日の体験や、出来事の理解に、客観性がありません。

たとえば子供は、殴られたら「自分は悪いんだ」と思い込みます。このように、体験と同一化するパターンが始まると、その人は大人になってからも、感情的に傷つきやすくなります。その結果、起きていることはすべて自分に関係していて、出来事はすべて自分が良いか悪いか、まちがっているか正しいか、大丈夫か大丈夫でないかを告げていると信じます。他人の反応に過敏になり、毎日のやりとりはすべて自分を判断する材料になると信じます。

テリーの例を見てみましょう。

誰かがテリーの前を通り過ぎ、無視したように見えたとします。テリーはすぐに、自分がその人を怒らせるようなことをしたからだと考えます。テリーは、その人に何か、彼を無視せざるを得ないようなことが起きたのかもしれないという選択肢を考えつきません。その人が、考え事で頭がいっぱいだったとか、気が散っていたとか、大変な1日だったとか、ただ誰とも話したくなかっただけだということを思いつきません。なぜなら、テリーのマインドによれば、体験はすべてテリーが誰なのか、どうなのかを告げ、受け入れられているか否かを定義するからです。すべての状況は二元性を避けられず、利点と欠点、肯定と否定のような相対的な質を提示しているように見えてしまうのです。

このような視点では、他人と彼自身の人生を、切り離して生きることは不可能です。すべては「テリーについて」なのです。つまり、あらゆる出来事が、彼を傷つけることになります。編集されていないマインドは、体験を勝手に結論づけます。人生における日々の出来事をこのようにプロセスすれば、常に痛みと苦しみは避けられません。

マインドのこのような働きは、自尊心の低さを表しています。外の状況や体験を使って、自分が誰であるか――この場合テリーが誰であるか――を認識することをやめるよう、マインドを再トレーニングすることは可能です。自分が本当は誰なのか、真実を意識的に認めない限り、マインドは、世界はすべて自分を定義していると思いたがります。私たちは内面とつながることができない時に、外にガイドラインを求めて埋め合わせをしようとするのです。この精神構造では、答えを見つけることができないばかりか、構造パターンは永遠に続き、痛みと苦しみから逃れることはできません。それは、見破られる必要のあるただの習慣であると気づいた時、そのパターンから自然に自由になれるのです。解決するのではなく、超越するのです。このパターンが反映された態度は、マインドが今ここで起こっている出来事を解釈しようと、必要のない過去の体験を、参照している時に表れます。

あなたを思考と同一化し、体験をよりどころにするのはマインドの性質です。体験の目的とは、生《せい》とあなたを結びつけることです。体験は単に体験であり、あなたが誰で、世界がどのように機能するかという意味や暗示を含んでいません。誤った解釈は、主観的にあなたという「思考する人」によって勝手につくられ、誤解されたのです。それはいつも一時的な快楽と、終わりを見ない痛みと苦しみのサイクルへと続いています。体験は何も変えることができません。あなたがそれに力を与えているだけです。体験は来ては去ります。しかし、そのインパクトの大きさは、自分と体験を同一化している、その度合いによると言っていいでしょう。

たとえば、あなたに起きた出来事の原因はあなたにあり、「私が悪い人だから」と思ったとしましょう。この考えは、マインドが出来事とあなたを同一化し、体験からあなたが誰かという根拠を探そうとしているのです。マインドは「私は悪い」という考えを信じ、本来なら意味のない体験も、この信じ込みによって主観的に解釈します。しかし体験は、「あなたが誰か」を、いかなる状況においても教えてはくれず、定義もしません。もしそう思うなら、体験できるという能力を、アイデンティティと混乱してしまっただけです。

すべての体験は、あなたが参加するためにあります。私たちは概して、体験から学びます。しかし体験が、本当のあなたに影響を与えると信じているなら、それは真実ではないと知ってください。体験が身体を傷つけたり、自信を喪失させることはあるかもしれませんが、体験の機能は、あなたが人間として楽しみ、参加するためのものです。あなたは、あなたの体験ではありません。自分自身について「本当だ」と信じている概念だけが、体験から影響を受けるのです。本質的な要素、内なる核は、どんな体験も触れることができません。この核の要素は、人生におけるいかなる出来事や登場人物、場所からもアイデンティティを形成しません。あなたは絶対にどんな出来事からも傷つけられないため、回復さえ超越しています。幸福は、この核から立ちのぼる芳香で、いかなる外の状況からも影響を受けません。これが本当のあなたなのです。

どんなに酷い感情的なトラウマを抱えていても、そしてセラピストから「完全にそのトラウマを克服することはできない」と言われても、そうではありません。体験は本物であるもの、また、永続的なものを変えません。あなたの本質は影響を受けません。マインドは、あなたの核まで汚染されてしまったと信じるかもしれませんが、それは不可能です。あなたは体験の被害者ではありません。あなたは体験を通して生きていますし、体験に基づいた記憶により生きることができます。感情はあなたではないということを受け入れれば、記憶に付随する感情的な痛みを手放すことができます。感情に記憶が付随している必要がないと理解できれば、体験からアイデンティティを拾い集めることはできません。記憶に基づいた感情を浮上させ、抵抗せずに手放しましょう。そうすれば、記憶はもっと親切な方法で、ストーリーを記録するでしょう。

すべての体験には限りがあり、すべての記憶もまた限られています。感情もまた限定された表現です。恐れる必要はありません。これらはみな、人生が私たち感じる存在に提供する多様性の一部です。痛みの感情はマインドの観念がなくては生まれません。電気インパルスのように、思考はあなたの体を刺激し、感情を引き起こす科学物質を排出します。つまり、人間の感情は、あなたの思考の副産物なのです。痛みの感情や、麻痺した感覚を解放する手助けが必要ならば、さまざまな有効なテクニックがあると知ってください。

まず、自分の体験、記憶、そして信条をどれだけ、今日の態度の参照としているか調べてみてください。もし自分の過去を現在に持ってくるのなら、新しい日々の体験を歪めてしまいます。客観性と新鮮さを持って物事を見てください。それが完全に現存するということ、今この瞬間に在るということです。あまりに単純すぎるよう感じるかもしれませんが、実のところ、記憶に注意を払わなければ、記憶はあなたに影響を与えることはできないのです。記憶は思考がなければ生き残れません。痛みを抱えたままでいても、得られるものは何もありません。あるとすれば、さらなる痛みだけです。

体験とは、あなたが注意を向けたことによる「反応という表現」とともに起こる出来事です。体験はそれ以上のものではありません。それ以上の重要性を与える罠に落ちないよう、注意してください。過去は過去の中で休ませましょう。記憶はドラッグのようなものです。記憶はあなたの今この瞬間の意識を、勝手につくり出した過去からの「個人的記録」で改造してしまいます。しかし、いったいその過去はどこにあるのでしょう？　過去など存在するのでしょうか？

過去は存在しません。同時に未来も存在しません。これらはただの概念です。もしこれらの概念がストーリーを通して注意を引きつけるのなら、苦しむでしょう。素敵な思い出だけを選び、不快な記憶は捨ててしまえばいいと思うかもしれませんが、それはマインドのトリックです。あなたが意識する、しないにかかわらず、記憶に焦点を当てれば、良い思い出は悪い思い出とセットでやってきます。マインドが個人的なアイデンティティを体験から形成するなら、「良い体験」も「悪い体験」も差別なしに集めます。体験とはあなたが「持った」ものです。それはあなたが何で、誰であるかではありません。自分が〝特別〟で〝人と違う〟と感じるために体験を利用すれば、遅かれ早かれ最終的に、あなた自身が苦しむことになります。

あなたの本当のアイデンティティは、人生が提供する体験より、もっと深いところにあります。たとえ想像できる限り最悪の苦しい試練を生き延びたとしても、あなたが特別だということにはなりません。それはあなたが誰かということとは何の関係もありません。それはただ尋常ではでない状況を生き延びたということで、それ以外の意味はありません。体験は終わったのです。生にただゆだねるのです。あなたが今ここで意識的に目覚めているかどうかにかかわらず、生は続いていきます。

自分についてどう感じるか、うまくやっているかという評価、判断に体験を利用するという間違ったパターンを手放す準備はできましたか？　もし、用意ができたなら、自分自身に対する感じ方と自分の価値をしっかりと肯定する必要があります。体験は体験のままです。そして、あなたが誰であるかは、毎日の出来事から独立して存在しています。この内なるシフトから、はかり知れない安心感が生まれます。あなたの自然な状態である落ち着き、安らかさ、喜び、気楽さ、そして何よりも幸福がそこにあるのを感じられます。すべてはあなたの内にあります。外だけを見るマインドは、このような内なる探求に興味を示すことはありません。あなたが誰であるかを見つけるために、そして、自然の状態で生きるために、マインドが変わるように導く必要があるのです。

次に、あなたが誰なのかについての間違った思い込みを変化させるため、もう一つの重要な要素、自尊心について考えてみましょう。あなたの頭の中のおしゃべりが混乱していて、乱暴で邪魔になるようなら、感情的に不安定で自尊心が低いことを表しています。自己への問いかけ（self-enquiry）にあたり、無傷な自尊心は必ずしも必要ありませんが、助けになることは確かです。穏やかで和やかなあなたの自然な状態、それを意識的に生きる邪魔をする、さまざまな混乱を締め出すことができます。

手始めとして、あなた自身との関係はどうなのか見てみましょう。自分自身について知るために、他人の顔色をうかがうことをやめると、自己受容が生まれます。外の評価基準はもはや必要ありません。基本的に自尊心が無傷であれば、自己を肯定するために、または承認を得るために、外の世界に自分を合わせる〝さかさま〟の努力をする必要はないのです。それが必要のない行動だと気がつけば、この重すぎる荷物を置いていく決心がつくでしょう。

自尊心は二本の柱により成り立ちます。その一つは、あなたは愛すべき存在であると認めること、もう一つは、あなたは有能だと知ることです。もし自分を愛すべき存在だと信じられないなら、ここが分かれ道です。「あなたは愛されない」と教えたであろう記憶に囚われた傷を抱えたまま、今までと同じ道を行くこと。もう一つは、あなたは愛されないという思い込みに影響を与えた誰かは、痛みをただ態度に表しただけと理解する道です。彼らの言動は、彼らについてで、あなたについてではないとはっきりと認識する道を選ぶのです。記憶に対し客観性を持つことができれば、このような誤解は常に起きているとわかるはずです。

誰かの意見を信じたいですか？　それとも、自分が本当に愛すべき存在であるかどうか知りたいですか？　たとえ今まで一度も愛されたと感じたことがなくても、あなたが愛すべき存在であるという真実とは、何の関係もありません。これは、あなたを愛する誰かの存在とは全く別の、人間としての条件です。沖の孤島に一人で住んでいたとしても、あなたは愛されるにふさわしい人です。今現在、人生において孤立していたとしても、愛すべき存在であることは、揺るぎない事実です。これが真実だと信じられますか？　あなたはいついかなる時も、愛すべき存在だということが理解できますか？

これは人間としての基本的な資質です。自分でそう感じることを心から許せますか？　選択権はあなたにあります。自分を叱りつけて苦しみを引きのばしたり、自己憐憫にのたうちまわることを楽しんだり、古いアイデンティティを持ち続けたいのかもしれません。あなたは愛すべき存在であることを受け入れることができますか？　その準備ができていますか？

自尊心を司る二番目の要素は、自分が有能であると知っているか否かです。これは、世界があなたを有能だとみなしているか、を聞いているのではありません。有能な雇用者かどうか、親や友達、恋人かどうかという証拠を求めてはいません。この問いの答えを世間に求めたり、有能であるかの証拠を外の体験に探しても見つかりません。これは持っているスキルとも関係ありません。有能であるということは、無力ではなく、人生がもたらすものに、日々対応する器があるということです。これがあなたを有能たらしめるのです。これはまた、有能であるよう練習をするか否かとは、何の関係もありません。証拠を探すことなく、あなたの奥深くで自分は有能な人だと信じて、理解していますか？　あなたは自分の価値を認めていますか？　今まで自分が信じてきたものの向こう側に、さらに奥深く問いかけをすることができますか？　たった今、より深く見ることのできる可能性を受け入れられますか？　今、この本を読んでいるという事実から、あなたの能力は保証されていることを知ってください。

自分が有能であるとわかっているなら、あなたは自尊心の感覚があるということです。あなたには価値があり、能力があると、内なる場所で知っているということです。マインドはこれに抵抗するかもしれません。あなたの本質とつながると、本質的な愛と才能そのものにより、マインドのフィルターを通す必要がなくなります。つまり、マインドを通して、あなたが愛すべき存在で、有能であると言い聞かせる必要がなくなるのです。マインドはまさに存続のために戦うでしょう。あなたという王国のすべてを統治する王様でい続けるため、懸命になって忙しく働くでしょう。しかし、そのような王国はありません。すべての人は愛すべき存在であり、有能です。その本質である愛や有能さを得たり、増やしたりする必要は全くありません。愛すべき存在であること、能力があることは、人間としてあなたの本質の表れです。人間の本質を知り、受け入れ、その深い部分とつながって機能することができるのです。また、今までのように、マインドの主観的ポジションという古いパラダイムから、世界を見ることもできます。

あなたが昔の思い込みをまだ信じているのなら、感情的に敏感で、すべての体験から答えを引き出そうとします。そして自分は大丈夫で、正しいと感じるために、人や状況に対する役に立たない判断や解釈などを必ずつくり出します。なぜ私たちは、このようなことをしているのでしょうか？　私たちの多くは、記憶が混じり合った袋を引きずり、アイデンティティとして、また参照として使っているようなものです。数々の体験があなたをここまで連れてきたのです。それが体験の目的です。マインドが荒れ狂っている時、袋から体験を引っぱり出し、再現ドラマを楽しむもよし、また、プロの助けを借りて対処することもできます。

しかし、最終的には、同じ選択を迫られます。過去の体験を引きずり続けるのか、もう十分だと気がつき手放し始めるのか。記憶は生まれては消えます。あなたの注意を記憶のストーリーに向けなければ、自然に過去へと帰っていきます。記憶はその場所に留めておきましょう。選択はあなたの中にあります。今こそ選択にふさわしい時です。今この瞬間、あなたが誰であるかがあなたなのです。思考で自分を欺くのはもう終わりにしましょう。自分を叱り飛ばし、責めるのはもうやめませんか？　そして、あなたは愛すべき存在で、有能だということを、内なる深い部分で感じることができますか？　確かな証拠がなくても、これらの本質があなたの中心から溢れだすのを感じますか？　理屈抜きにただ感じるのです。ただ疑わずに信じることが求められています。古いパラダイムに留まることを選び、自分は愛されず、有能でないと信じたいなら、そう認識したままでいるでしょう。その思い込みが本当であるかどうか、探ってみる時が来ました。思い込みを支持する根拠があるかどうか正直にテストし、調査し、真実を発見するのです。過去にエネルギーを浪費し続けるのであれば、何も変わることはありません。

そうなればこの本は、ただ理論を紹介しているだけです。真実とは何かを知るために、できることなら何でもするという意気込みがあれば、マインドを超越した本質への扉、あなたが誰で、何であるか、その真実に通じる内なる扉が開きます。愛すべき存在であること、有能であることを、他人と比べることは避けてください。マインドは外側に投影する習慣があり、比較は自尊心を否認するでしょう。あなたの人生を変えるように言っているのではありません。過去の体験から今もなお影響を受けている、あなたのマインドを変えてはどうかと提案している、それだけです。ここで必要なことは、自己受容とともに、あなたをマインドから切り離すことです。その概念の被害者になる代わりに、マインドのトリックに注意を払い、その向こうに何があるかしっかりと見据えるのです。

自尊心の高い人は、一般的にこれを実行し、このアイデアを抵抗なく受け入れます。自尊心の低い人は、自分が変わることができるということをなかなか信じられません。過去へのエネルギーの投資が多い分、抵抗も大きいのです。自分自身の人生の真実と、その意味を知りたければ、恐れてはいけません。この道は明るく自由に満ちています。ただし、危険を顧みない態度が必要です。恐れが頭をもたげ、説得力のある抵抗を試みようとしている今こそ、恐れを客観的に眺めるのです。

私たちは子供の頃に恐れを学び、世界は決して安全な場所ではないと学習しました。また、私たちは守られていない、誰も話を聞いてくれない、理解してくれない、尊重されていない、ということを学んできたかもしれません。学びは情報としてマインドに蓄積されていますが、それを信じる、信じないはあなた次第です。苦労して得たからといって、ずっと持ち続ける理由は全くありません。解放は手放すことからやってきます。レッスンが何度繰り返されたとしても、それがあなたに恐れを教えたとしても、もはや役に立ちません。決して恐れることはありません。もし、恐れがつくり出した思考に注意を奪われたなら、思考が感情をつくり出すということを思い出してください。だから恐れを感じるのです。それを見破れば、「もうこれで十分だ」と決心し、恐れを感じるパターンを一瞬のうちに終わらせることができます。

恐れを感じずに生きるには何が必要でしょう？　それは信じることです。信じること以外ありません。もし、どうやって信じればいいかわからないと思ったら、信じるとはどんな感じか思い出してください。たとえば、明日になったら日が昇ると信じているでしょう。

また、電話に出る時、どうやって話せばいいかを覚えていると、当たり前に信じていますね。朝、家を出る時、服を着て出かけることを忘れないと信じているはずです。

あなたはいつも信じています。この信頼を適応すれば、ものごとはスムーズに流れ、何もしなくても、ことは起こります。陽は昇り、会話し、その日の準備を整え、信頼は淀みのない流れを人生にもたらします。人生の展開を信じる時、恐れるものは何もありません。何があろうとも、どんなスケールでも、あなたは必ず対応するでしょう。

observe **3**

観照者

あなたが「本当は誰なのか」を探す冒険を始めるにあたり、絶対に必要なことがあります。それは、人間のマインドにしまわれた思考パターンや、条件付けされた信じ込みに光を当て、一つひとつチェックし、マインドの巧妙さをしっかりと理解することです。それがいちばん簡単で、確かで、効率的な方法です。マインドの働きを知らず、マインドがつくり出したものが何かわからなければ、あなた自身をどうやって変えることができるでしょう。

思考や信条に対するこのような自己認識がなければ、あなたは制限された思考、信じ込み、価値観の囚人です。どんな時でも、完全な確かさとともに満ち足りて、心安らかではないのなら、マインドがそのような状態をつくっているからです。外にあるものが、あなたに影響を及ぼすことは絶対にありません。外の世界に対する考えが引き金となり、反応が起こります。その反応が、望ましくない結果を引き起こすのです。

マインドに対する理解が深まるにつれ、そのトリック、説得力のある意見、世界がどうあるべきかという考えに気づくようになります。マインドは、あなたが正しいと信じる方法で物事が進めば、すべては大丈夫だと信じます。しかし、これは真実ではありません。真実に抵抗することは、マインドの得意なゲームです。その基本は「自分が正しくて、いちばん良く知っている」という、あなたをいい気分にさせるためにつくられた概念です。マインドは「正しい」ことが大好きです。マインドは優越感から満足を得ます。人間の大人のマインドには必ず、優越感があり、その解消が求められています。この優越感は、他の概念と同じように完全な存在として自分を感じたい、という無益な試みの一つです。マインドはその欲求を満たすようにはデザインされていません。なぜなら「完全な存在と感じたい」という欲求は、深遠なる自己からの、「内面を見るように」との呼びかけなのです。

マインドのゲームを認識し、実際に何が起こっているのかを理解せずに、自己認識は得られません。あなたは自分の思考の囚人として、マインドの奴隷であり続けるでしょう。あなた自身が管理者なのか、条件付けされた思考が舵を握っているのか、どちらでしょうか？

いつでも選択できます。自分の主観的思い込みや、個人的思考を通して世界や出来事とつながることもできれば、そこにあるものとともに流動的に動くこともできます。妥協点や、暫定的な視点というものはありません。中間はないのです。すべての瞬間は、常に新しいチャンスを与えてくれるのです。

もしかしたらあなたは、マインドをすでに観察しているかもしれません。あるいは、ちょうど観察を始めたところかもしれません。マインドを観察し始めると、気づきが発達していきます。思考と同一化せず、また、思考が紡ぐストーリーを信用せずに、思考が来ては去る時に気づき、その下でいつも息づく疑いようのない真実を見る力が養われるのです。次第にマインドを公平に見られるようになると同時に、防御しないで生きられるようになります。自分の思考がどんなに狂っているか、ユーモアさえ感じるでしょう。そうなれば、目覚めへの呼びかけはすでに始まっています。自分の思考を信じるという夢からの目覚めにより、他のレベルの意識にアクセスすることが可能となります。

自分が考えていることに気づき、自分の思考を観察しているとしたら、一体誰が観察しているのでしょう。誰があなたのマインドを眺めているのでしょう。自分自身に正直であれば、多くの時間を毎日の出来事や仕事、家で起きていることにすっかり心を奪わて過ごしている、と気がつくかもしれません。もしそうであれば、あなたはマインドの世界にいます。まるであなたがマインドであるかのように、マインドで見て反応しています。その場合、客観性は全くありません。人生に夢中になっている間、実は、マインドがあなたを夢中にさせているのです。「人生は忙しい」「人生は平穏だ」「人生はストレスでいっぱいだ」――これらの人生に対する考えは、すべてマインドを通してつくられたのです。人生とはこのようなものでは決してありません。しかしマインドは、人生はこうだと解釈し、判断するため、人生に対する思い込み、考え、そして好悪のネタはつきません。マインドは判断し、感情的な反応が起こり、プレッシャーが多すぎると判断すれば、ストレスが生まれます。その考えがあなたを早く動かし、より素早く反応できるようにします。

一方で、毎日の出来事を管理する最適な自己管理があります。目の前で起こっている出来事に対する〝マインドの解釈〟から、一歩下がるのです。マインドと連動することなく、客観的視点で見るのです。個人レベルの解釈をやめるのです。そうすれば、簡単に今に在ることができ、明白さをもって物事に応対できます。個人から、非個人へのシフトです。出来事があなたに起こり、そのすべては自分のせいだと思う代わりに、物事は単純に〝起こり〟ます。すべてはあなたの〝まわり〟で起こります。あなたと出来事との関係は非個人的になり、何もあなたには起こりません。そしてすべてに浸透する物事の秩序と自然な流れに、すぐ気がつくようになります。たとえ出来事にストレスを感じたとしても、流れの確かさがわかるようになります。

人生のいかなる状況においても、同一化するマインドが対応しなければならないことはありません。すべての状況には、流れと順序、それに伴う結果があります。意識はそれを見ていますが、〝思考するマインド〟は普通、ただ静かに観察することができません。そのようなスキルは持っていません。意思決定は〝思考するマインド〟なしに起こります。静かに待ち、然るべき時に答えを得ます。忍耐と穏やかさは必要です。道は内なる場所から示されます。マインドはさまざまなフックを使い毎日の管理者であろうとし、そう簡単には降伏しません。だからこそ、観照する自己の目を通して、世界を見るという練習が必要であり、特にはじめは意識的に行う必要があります。

マインドを思考との同一化に使わなければ、苦しみは終わり、そして大いなる解放がもたらされます。だからといって、あなたが愚鈍になったり、日々の出来事から切り離されたりするということではありません。いかなる瞬間においても、はっきりとした客観性の中では、実は全く逆の体験になります。そうであるものの流れは「こうあるべきではない」

という個人の考えによって邪魔をされません。この思考からの解放は、柔軟性のなさ、頑固さ、独善的態度などへの抗体をつくります。

ここで忘れてはならないことは、個人的な課題を取り除き、見方を変えることです。出来事はすべて〝あなた〟に起こるという考えを信じないでください。あなたが誰なのか、何なのかということと、日々の生活の間の精神的つながりを断ち切ってください。起きていることがどのようにあなたに影響するかを恐れるのではなく、起きていること自体に注意を向けてください。この視点は、個人的マインドにおける、観照者の機能的能力です。観照者は公平で正直です。もし観照者を体験したことがないと思うなら、あなたがあなたの前に立ち、この本を読んでいるのを見ていると想像してください。そこに立って、この人――本を読んでいる肉体的存在であるあなた――を見て、それに気がついてください。観照者としての自分の感じをつかむため、試してみましょう。

立って見ている時、観照者は感覚もなく、感情もなく、ただ見て静かにしています。もしそれができれば、観照者が反応せず、どのように機能するかという良い例になります。あなたが観照している時、思考がないことに気がつきましたか？　観照者は考えません。その必要がありません。観照者は、知っていることを認識せず知っています。観照者は危機をどう扱うか知っています。最高の結果とは何かを理解し、それを偏見なく見ることができます。観照者には、疑い深いマインドの創造を超えた叡智があります。このように、観照者は〝あるがまま〟に気づくだけです。

しかし、私たちは「自分」と「観照者」のように分離していません。観照者はあなたの中で機能し、あなたの目を通して人生を眺めなければなりません。観照者には条件付けされた思考がなく、より多くのものとアクセスしています。直観と叡智があり、くつろいでいて、そうであるものとともにしなやかに動きます。観照者は、人生のどんな側面も、あなたに打撃を与えることはないと知っています。観照者は恐れを知りません。対照的に、同一化するマインドは、人生のさまざまな出来事はあなたに打撃を与える可能性があり、そしてきっと与えるだろうと恐れます。観照者は、深遠なるあなたへの入り口です。内なる無限大のあなたへ、無限大以上のあなたへのアクセス・ポイントなのです。

観照者もマインドですが、もの、人、出来事やストーリーと同一化しません。「I AM―私は在る」とも言われる観照者は、明確な理解をもたらす存在ですが、形や状態として認識できません。観照者「私は在る」に形はなく限りもなく、思考するマインドとは、いろいろな面で正反対で、違った状況をバランス感覚をもって見ることができます。状況が差異を通して違う体験を促す時、私たちはそれぞれを楽しむことができます。「私は在る」は無で、空《くう》で、空から形や物が生まれます。言い換えれば、観照者「私は在る」は、それらを創った創造主であるといえます。しかしながら「私は在る」の状態は究極ではありません。それは、休息の、**在ること（being）**の場所、思考も時間もない所です。「私は在る」の本質は神性です。何も含まず、損なわれることはありません。「私は在る」に分離の感覚はありません。すべての聖なる統合です。一体性（ワンネス）はこの意識のレベルで体験します。瞑想を通じて多くの人が心を鎮めた時、思考への興味を手放し、この状態に到達します。練習をすれば誰でも、この状態の気づきに到達することができます。しかし、マインドとともに到達できる状況は、それがマインドのない状況に導くとしても、その場所を去ることを余儀なくされます。同一化するマインドと体が、「注意を向けろ」と要求してくるからです。

「私は在る」の中で休むことは、しばしばスピリチュアルな体験として語られます。ただ体験が終わるや否や、その体験がどうであったか、ストーリーを語ることに夢中になってしまいます。そして、同一化が取って代わり「私に起こったこと」が「私は在る」状態の中で休むよりも重要になってしまいます。ある気づきの状態が、他の気づきの状態よりも本質的に優れているということはありませんが、違いはあり、差異は体験する機会を与えます。同一化するマインドで世界を見る時、すべては常に変化しています。悦《よろこ》びと痛みの対比は明らかです。「私は在る」からものを見ると、すべてはくつろいだ静けさの中で、客観的に理解されます。だからこそ「私は在る」は、「宇宙エネルギー」「第一原理」と言われることもあります。

このように、マインドの役割を見直す必然へと導かれます。考えるマインドは主観的です。あなたが信じる思考は、あなたに責任があるように、マインドを見直すことは、何よりも自分のためです。あなただけが、あなたのマインドの働きにアクセスできるのです。人間のマインドは素晴らしく、卓越したものであることは明らかで、人類にとってかけがえのない財産です。

マインドは、人間の生活を助ける道具です。人間のマインドは、目標、意味、情報、正当性など多くのことを探し求めます。また、活動、気晴らし、刺激を絶え間なく切望し続けます。もしその機能と限界が誤解され、調整されていなければ、マインドはさまざまな人生の側面をコントロールするために、その能力を使います。マインドには素晴らしい使い道がありますが、限界があります。なぜなら、その性質と機能は限定されているからです。概してマインドは、知識と情報を他のマインドから集めます。その性質は疑うことで、常に情報を探し求め、調べ、分析します。そしてまた、すぐに新しい情報を探し始めます。マインドは競争を繰り返すという限界の中で、絶え間なく概念をリサイクルします。

しかし、外に向いたマインドが内面に焦点を当てた時、シフトが起こり、変化が始まります。形の世界がもたらすものにあまり興味がなくなり、「もっと満足のいく答えが欲しい」と探求心が頭をもたげるでしょう。転換はそこから始まるのです。マインドの見識と分離という概念を受け入れてしまうと、マインドの機能に根拠を与えることになります。マインドは何かと同一化すると、自動的に他のものを拒絶するようにできています。これが分離を生み出し、世界を分離した二元的なものと捉えます。私は私で、あなたはあなた――従って、人間はいろいろなレベルで分離しているとマインドは信じます。あるものは良く、あるものは悪いと言い、正しいこと、間違っていることがあると主張し、判断は避けがたく、判断が起こるところには、先天的価値観として常に分離があります。

マインドは、日々の生活を大いに助けるわずかな知識と、限られた理解とともに、人生の体験を使って個人のあなたを生かそうとします。しかし、もしマインドがマインドのない状態に降伏し、静かなる観照者があなたの注意を引くのなら、少なくとも人生はそう悪くないはずです。

また、マインドには競争するという性質があります。そのため、いつも感情的、肉体的、知的に、もしくは霊的に自分がどのあたりにいるか、物差しをかざし他者と比較しようとします。その核は競争意識で、競争は完全なる調和が理解されていない場所でのみ可能です。完全なる調和も概念ですが、それは観照者により理解され、認められています。ですから、マインドに新しい概念を教える必要はありません。あらゆる機会を使い、あらゆる概念を溶かし、捨てていきましょう。物事の相互関連は、観照者と意識的に関わりを持たない人には、全く理にかないません。「〝すべては一つ〟とは聞くけれど、どんな感じか全然わからない」と、多くの人が口にします。個人的でない観照者の意識を実践している時、完全なる調和は、本当によくわかります。しかし、考えるマインドは、完全なる調和という概念を決して十分につかむことができません。

マインドを基本にしたそのすべての信じ込みは、分離が現実であるという同意上に成り立っています。一度、その実体の無さを体験すれば、マインドは大いなる叡智と観照者の認識に降伏します。マインドは考え、観照者は知っています。ここで一つ大切なことは、いつ「考えるマインド」を使うか、いつ「観照する自己」とつながるのか知ることです。

前者は計画を立てたり、限られた範囲での実用に役立ちます。

もう一つは、思考への興味を手放していくという活動のなかで、意識的に自分自身に責任を持ち、管理すること、そして、きっと抵抗するであろうマインドを、いつもそこにある一体性、神の秩序に明け渡すことです。自分の思考パターンや、何を信じ、何を欲するのかという認識――自己認識――を高めれば、マインドの同一化による間違ったアイデンティティを捨て、そこから進化するための知恵とスキルを手に入れることができるのです。

内なる観照能力に無意識であれば、分離したマインドの働きを抑えることはできません。マインドにはさまざまな側面があり、論理的、創造的で戦略的な性質もその一部です。しかし、進歩と発展の趣旨からすれば、思考による条件付けは、今ここでいちばん危惧される点です。マインドと同一化し続ければ、戦争から飢饉まで、たくさんの苦しみがこの世界に生まれます。地球の住人の基盤には、完全なる調和を否定する分離という思い込みがあります。マインドは違いに気がつくことが仕事なので、常にもっと何か得ようと探しています。いつも持つこと、持たないことを心配しています。より多く持つことができたり、大きなゴールに到達できれば、マインドは、さらに強くなり、結果的にもっと幸せになれると信じています。昔からそのような考えは、社会の不平等な富の流通に、大きく影響を与えています。このように、マインドは富を力として理解します。マインドが理解され、管理されるまで、戦争は続くでしょう。国家のリーダーが観照者の潜在的能力から国の運営を学ぶまで、歴史は繰り返されるでしょう。政治とメディアは綿密につながっています。内なる平和が望まれ、それが民衆にとって身近な体験となるまで、天下泰平のストーリーや恒久平和よりも、社会の混乱やトラブルが興味の的となり、そのテーマを扱ったメディアや政治に人気が集まるでしょう。

人類が誕生して以来、マインドの理解とその管理の重要性は明らかだったにもかかわらず、今日でさえ、自己啓発、またはスピリチュアル・ディベロップメントの分野でしか見られません。いつ、そしてどのように「考えるマインド」を使うかを学べる教育や、保健に関するモデルさえありません。適切なガイドがないまま、誤用し、不適切に使用し、使い過ぎ、この能力の処理を誤ります。これが原初的なすべての苦しみの原因です。なぜなら人間のマインドは、実は小さいその能力とスキルにもかかわらず、過大評価されています。もし何か効果的なマインドの客観的管理ができたなら、現代社会は、研ぎ澄まされたマインドの恵みを得るでしょう。私たちの社会がなぜ、知的マインドに価値を置くのか理解できますが、マインドがすべての答えを持っているわけではありません。マインドは単純に道具です。人間のマインドは必要な時に使われ、必要のない時にしまわれるべき他の道具と同じような道具です。身体のように敏捷《びんしょう》で、健全に保つ必要のある資源であり、それゆえ尊重されます。このように、マインドを私たちの一部として見れば限界はより深く理解され、管理が真剣に始まるかもしれません。マインドは私たちに奉仕するためにつくられたのであって、私たちの主人ではないのです。

マインドに対し、尽きることない忍耐力と寛容さで臨んでください。マインドの機能は見事なものです。マインドがつくり出す大河小説のような個人ドラマ、大量生産されるストーリーの数々、あなたを捉えて離さない素早い感情的反応……。人々はそれらを取り上げ、マインドを悪いもののように裁く傾向もあります。マインドを裁く時、あなたはもはや観照していません。もし観照していれば、マインドの大騒ぎに対し、何の反応もしません。問題はあなたのマインドにあるのではありません。思考との同一化が苦しみを生みだすのです。人は誰でも、それが役に立たないと気づくまで、個人的マインドの視点を使って表現します。マインドを裁けば、さらなる個人ドラマをつくるだけです。人間の体験はすべて進化の途上にあり、それが人間の道です。マインドがなければ、その進化を体験できません。

さて、ここで質問です。観照者の視点において、私の観照者とあなたの観照者が――たった一瞬でさえ――違うことがあるでしょうか。あなたの観照者にあり、私の観照者にない特徴はありますか？　あなたの観照者と私の観照者が会ったなら、何か話すことはあるのでしょうか？　そもそもそれらは二つの分離した存在なのでしょうか。観照者の領域で「私」や「あなた」はあるのでしょうか？　もし、今あなたが自分の観照者となり、マインドの活動に対する興味を一切放棄したとします。そしてある人は瞑想していたとしましょう。この状況において、あなたは、観照により瞑想者と同じ意識にあるのです。この時両者には、唯一の「私は在る」の状態だけがあります。

多くは、他人の人生に影響を与えたいという願望や、地球を守るために戦うことなどに生きがいを見出します。何事にも、どんなものにも場所はあり、大いなる仕組みの中で展開されますが、何かを改善しようという試みはマインドからの動機です。それは、物事は正しくない、物事をより良くするためには何かしなくてはならない、という信じ込みから生まれ、「より良い・正しい状況」をつくろうとします。しかし、すべてはうまくいっています。すべては完璧な方法で展開しています。観照者はそれを知っています。マインドは人々を、世間に役立つ、素晴らしく、そしてためになる人であるよう動機づける、とても貴重な役割を演じます。何かを改善したいという動機が、このワークと共鳴するのであれば、それもいいでしょう。この場合重要なのは、その動機が個人的課題から来ているとはっきり気づくことです。またある時は、マインドの領域に起因しない〝他の力〟によって動機づけられ、行動が起こる場合もあります。その場合、いつも効率的で、どんな方法よりも効果的な結果となります。マインドに起因しない動きからの行動は、この世界における異なった機能の仕方といえるでしょう。両者とも有効ですが、前者は個人的課題という限界を持っています。

考えるマインドは目的を探しています。しかし真実において、目的のようなものはありません。あなたの人生の目的もありませんし、創造の目的もありません。マインドは目的を探し、意味を見つけようとします。人生の目的に値する大志が、一つや二つ見つかるかもしれませんが、やがて次の動機、次の目的を渇望し始めます。目的という考えはつまり、答えなどない場所を、マインドが必死に探しまわっている状態です。

「なぜ?」という疑問に対する答えはありません。しかし、もし答えがあるとするなら「役に立つ」ことが挙げられます。マインドが生きる理由と行動を探しているのなら「役に立つこと」は、最高の目的になります。自分のため、人のため、地球のために役立つことが、ただ一つの理由です。役に立つ方法はさまざまです。どのように楽しんで役に立つか、あなたは選ぶ自由と権利があります。役に立つことで、人間としての体験を満足させることもできます。役立つことは、「良いこと」でも「悪いこと」でも、どちらでもありませんが、試してみてはいかがでしょうか？

spirituality 4

スピリチュアリティ

スピリチュアルライフを支える原則――それは揺るぎない真実を見つけるという決意です。この真実への問いかけに心から取り組んだあなただけが、この道を歩き始めることができます。子供のためや、人類のためにということを理由にはできません。あなたが意識的にスピリチュアルな智恵を探し求めると、肯定的な影響はすべての人々にさざ波のように広がります。

しかし、それが意図や動機にはなり得ません。「世のため人のため」は一見高尚に見えますが、マインドがあなたの努力を正当化しているだけです。この道を行くと決めたら、自分自身を第一の受益者として認めてください。真実とは何かを探るためには、マインドからのイメージとは関わりを持たず、「真実を生きる」という勇気に支えられた固い決心が必要です。

スピリチュアルな道は、パートタイムでは歩めません。瞑想している時だけ、日曜日だけ、スピリチュアルなイベントに参加している時だけなど、生活の一部でしかなかったり、時々戸棚から出して眺めて楽しむ、というようなものではありません。もしあなたが、本当に「自分は誰か」を発見したいなら、こまぎれの実践では十分ではありません。スピリチュアルな智識は、知的な趣味ではありません。絶え間なく継続したライフスタイルそのもので、穏やかさの中にも強い意志を持って生きることです。だからこそ、適切な情報をもとに、選択する必要があります。もっと知りたいですか？　それとも知りたくありませんか？　外の世界での気晴らしは、まだ効果がありますか？　それとも、それは居心地の悪い、虚ろなものですか？　苦しみは終わりましたか？　内なる何かが、もっと何かあるはずだと告げていますか？　心の中に、人生の究極とは何かを知りたいという切望がありますか？

準備ができたら、選択してください。今すぐにできなくても大丈夫です。すべてには時があります。これは強制のできない旅です。スピリチュアルな智恵は、論理に根ざしたものではありません。だからこそ意識して選ぶ必要があるのです。体験を通した気づきと本当の理解は、時間と空間の中で起こります。あなたが、内なるこの領域に身を委ねるのなら、その気持ちを行動に移すことが大切なのです。

スピリチュアルな智恵を人生に取り入れると、毎日に軽さがもたらされます。気苦労はなく、オープンで、子供のように純粋で、穏やかで楽しいことが好きで、おおらかさと、開放感を感じるでしょう。しかし、一生懸命努力しない限り、自分はそれらを持つ価値はないと多くの人は信じています。そう固く信じるなら、この道は長く困難なものとなるでしょう。しかし、その必要はないのです。

また、多くの人は「受け取ること」に難しさを感じています。ご褒美を得るために、スピリチュアルな努力を惜しまず、一生懸命ワークします。あなたが自分自身に、無条件に、どんな代償も払わず、すべてを持つことを許したら（全部持ってください！）、内面の明るさ、軽さ、安らぎ、穏やかさを心ゆくまで楽しむことができます。それは条件付けされたマインドが監視している状態とは違います。静かに座り、内面を見てみましょう。無条件に受け取ることに対し、抵抗がありますか？　それは、一生懸命努力しなくてもやってくると信じられますか？　あなたのマインドは「それは世間知らずの子供じみた態度だ」と警告してきますか？　この信じ込みは、この道に約束された祝福や恩恵、喜びへの道を妨げてしまいます。

スピリチュアルな生活には、拒否と放棄が必要とだという古くからある考えは、根拠のない作り話です。たぶん、ある宗教には適切だったかもしれませんが、スピリチュアリティには必要ありません。「自分に痛みを与えることが神への近道である」という考えは誤解です。拒否と放棄は、自分自身の習慣や依存について学ぶ際には、とても役に立つ実践で、自己認識を得る段階にのみ効果があります。特に自分を縛っている習慣を打ち破り、さらなる個人的自由を得るためには、真の助けとなるでしょう。

一方で、自律は有効な方法です。自律は、生活に骨組みを与えます。その指針に従えば、生活習慣を変化させることができるでしょう。実践を毎日の生活に統合できるよう、新しい習慣を少しずつ取り入れるのです。生活を変化させるには、この自律の実践から始めれば簡単です。自律と犠牲的行為は同じようなものという考え方がありますが、そうではありません。自律は優しい修練です。自分でデザインし、少しずつ、自分自身の変化を推し進めていけばいいのです。自律をどのように取り入れるか、例を挙げましょう。

朝1時間早く起きて、静かでクリアな時間を過ごすことにします。1週間のうち4日早く起き、残り3日間は今までのように過ごすことがあなたにとっての自律かもしれません。

自律としてワークする時、交渉はしません。「あなたはそれをする」ただそれだけです。マインドは自律に同意したわけですから、支持しなければなりません。心の中のネゴシエーションは必要ありません。

この例のように、休息する日と、自律の日をとっていいのです。人生にバランスと達成をもたらす真の変化が恵みとして与えられ、生活スタイルにはっきりとした変化が実感できるはずです。注意深くデザインされた健全で優しい自律は、人生を一変させ、生活を再編するすばらしい助けになるのです。

また、スピリチュアルライフを生きるということが、どんなことを意味するのか理解し始めると、前に進む際に抵抗を感じることがあります。自分のセルフイメージが変わっていくのを心配する人、その変化に適応したら、つまらない人間になったり、アブナイ人になったりする危険があると信じる人もいます。セルフイメージへのこだわりは、未知なるものに対する恐れに裏付けされた、マインドのゲームです。この自己探索の旅の中で、マインドのおしゃべりへの興味は減少し、あるがままの安心感と満足感が自然に生まれます。その結果、ドラッグやアルコールを口にしたり、ジャンクフードを食べるといった行為は、喜びとくつろぎによって自ずと減少します。

この道を選んだ人は、自然にシンプルなライフスタイルを選ぶようになります。その証拠に、とり憑かれたように働くとか、狂ったように遊ぶという極端なことに興味を失います。人生に対し、バランスの取れたアプローチをするようになります。ライフスタイルは、よりナチュラルになり、自然や地球とのつながりをいろいろな意味で大切にします。ネオンの明かりや深夜の誘惑に、もはや魅力を感じません。よりシンプルで、穏やかで、優しい活動がライフスタイルの特徴となります。

これらの変化は、もはや興味のなくなった習慣を捨てながら、有機的に起こります。スピリチュアリティが、真面目人間やヒッピーを生み出すとまだ信じていますか？　それは全く事実ではありません。自分が本当は誰であるかという完全な気づきとともに、静かに、控えめに、普通の社会の中で暮らしている人たちはたくさんいます。このワークは、エンライトメント（enlightenment：悟り）についてで、重苦しいエンヘビーメント（enheavyment）ではないことを覚えておいてください。

スピリチュアルな智識の探求とは自分自身を内面から見つめることだと理解していれば、外側の環境はそれほど重要ではなくなります。外の世界にも価値はあり、助けになることもあります。しかし、真実へ引かれるあなたを止めもしなければ、奨励もしません。今あなたが、どれだけ忙しく日々の要求をこなしているかにもかかわらず、真実は依然として真実のまま、何の影響も受けません。人里離れた場所で石の上に座っていても、混みあったスーパーマーケットにいても、あなたのマインドは、同じように思考で一杯ということは十分あります。このワークの焦点は、常にあなたの中にあることを理解しましょう。

何年もの間、真実の探求は、隠遁生活に身を置いた人たちの特権でした。内なるものとつながる静けさと助けを得るため、普通の生活を捨てる必要があったのです。しかし、現代になり、あなたや私のような普通の人々が、真実について問いかけています。ごく限られた人たちだけの特権であった智識は、広く手に入るようになりました。今やスピリチュアルな智識とともに、世界を生きることができるのです。その智識とともに、普通の社会で生きていく方法を模索する時です。子育てをしながら、また、もはや何も意味をもたなくなった世の中の価値に基づいた仕事をしながら、完全なる自由とともに過ごすのです。長い年月を経て、ここ数年の間に、スピリチュアルな智識にますます手が届くようになり、自由と解放への道は私たちに大きく開かれています。物事の秩序に感謝しましょう。

ところで、「そもそも神は、スピリチュアリティとどういう関係があるのだろうか」とあなたは疑問に思うかもしれません。その答えは、何の関係もないし、全くそのものだとも言えます。しかしそのためには、神に対する認識を広げる必要があります。「神とは何か」をもう一度問い直すこと、新しいアプローチを試みること、そして、あなたの神に対する理解をあらためてチェックしてみることをすすめます。マインドの中の古い神のイメージを払拭することが必要なのです。このステップを踏まなければ、神はマインドの限界の中で果てしなく再構築し続けます。そして、あなたを待つ大いなる発展の可能性が、また先延ばしになってしまうのです。神とは何か、誰なのか、以前学んだことを手放し、神に対する条件付けされた考えとアイデアを一掃するのです。

宗教は、長い年月を経て、神に関して、たくさんのイメージを作り上げてきました。これらのイメージは、その時代の人々の気づきの度合いに応じて役に立っていました。神は父として、父親のような愛情深い存在として、創造主として、羊飼いとして、世界の王として描かれていました。神はまた、激怒し、罰し、報いる存在としても記録されています。ある時神は、人間の内に宿り、人の一部であると言われたり、またある時は、神は人の愛や思いやりの心に宿るとされました。これらのイメージは、各時代の人間の進化に貢献し、神との関係を育てるモデルとしては効果的でした。しかし、これらはモデルにすぎず、いつかその機能を終えなければなりません。そのモデルは、神とは何かを定義づけられません。人間のマインドは、定義できないものを説明できません。そのため、神はミステリーだと結論づけたのです。

近年になると、神は天上にいる恐ろしい存在から、友だちにのように身近で愛すべき存在に変わりました。ソフトなイメージにはなっていますが、ただ、優しい神のイメージに変わっただけです。それは信頼を厚くすることには役立ちましたが、何世紀にもわたり培われた神の描写は、本質的に人類と神を分離させています。神の定義を提示することはできないのです。有限なマインドは必死になり、マインドを超越したものにラベルを貼ろうとします。しかし、そこに限界を見るのです。

スピリチュアルライフは、より深い、拡大された視点へとあなたを導きます。深遠なる真実へと問いかけていくためには、神に対する古い考えを捨て去らなければなりません。すべてのイメージやコンセプトを脇に置き、より大きなレンズを通して見るのです。マインドの視点ではなく、潜在的な智恵を通して……。聖書には、「神は愛である」と書かれています。しかし「愛」という言葉はもとより、「無条件の愛」でさえ、それを超越するものの描写として、限界ははっきりしています。

もしあなたが、悪魔の存在を信じるのなら、恐れという感情をしばしば体験することになります。悪魔を信じるということは、警戒し用心して行動する力、今ここで何が起こっているのか油断せず、注意する力を強化し、育むことになります。恐れが動機の行動が役に立つこともあるでしょう。しかし、スピリチュアルな気づきが高まるとともに、恐れの助けはいらなくなるでしょう。

幸福と自由を選択してください。順調に進んでいくために、恐れは全く必要ないのです。恐れを失うと、何かを失ってしまうと思いますか？　もし、悪について、悪にまつわるすべての考えを捨てると、より深い理解が自然に生まれます。内なる判断は静かになり、恐れは次第に消えていきます。悪魔や悪を信じていると、恐れを感じる能力と結びつき、人生に体験として引き寄せてしまいます。また、何か好ましくない行動や出来事に出くわした時、マインドは、それらを「悪い」と判断し、「悪い」というラベルを貼った箱に分類します。それは物事を単に「良い」「悪い」と判断しているだけで、あるがままの本当の理解を歪めてしまいます。スピリチュアリティとは、あるがままのすべてを受け入れることです。分離を探さず、判断もしません。悪や悪魔に関する思考、信じ込み、イメージ、観念、そして悪の存在を証明してきたように思える出来事さえも、すべて手放すのです。他の見方があると知ってください。しかし、それは、条件付けされたマインドの視点からは見つかりません。あるがままのより深い理解を深めるためには、神や悪魔に関するイメージやモデル、信念を放棄しなくてはなりません。

ほとんどの聖典は、宗教が成立してから書かれたもので、宗教制度をサポートするために作られています。聖典を文字通り事実として受け入れることは、自分自身の権限と、自分自身の人生の選択に責任を持つことを否定しています。ある聖典は、人々に神を伝え、関係を確立するという意味で、大きな目的を果たしました。しかし、より深く問いかけ、知りたい者たちにとって、聖典は十分ではありません。答えは内面にあり、他にはどこにもありません。外からの情報や影響力はすべて限られています。それらにも用途はあります。しかし、究極の答えを提供してはくれません。

内なる感覚と智恵に耳を傾け、信じることができるようになってくると、あなたの注意は〝我が家（ホーム）〟である内面へと導かれていきます。この本は我が家が見つかるよう、繰り返し、内へ、内へとあなたを誘います。ただし、我が家を離れてしまったという感覚もまた、思考の中のストーリーにすぎません。本当は、あなたはその我が家を、かつて一度も離れたことがないのです。

natural state 5

自然な状態

人は誰でも生きるために、食べ物、着る物、そして住む場所が必要です。それ以外で必要だと思うものはすべて欲望に起因しています。欲望を満たしたいですか？　欲望を満たすか、満たさないかは選ぶことができます。欲望とは、強い同一化を伴った信じ込みで、脅迫観念に発展することもあります。しかし、たとえそれがどれほど強くても、欲望は行動を決定しません。

もし、欲望を満たすことで幸福がもたらされるのであれば、世の中はもっと喜びに満ちた場所のはずです。あなたが本当の自由を選んでいるのであれば、欲望を捨てる準備をしてください。しかし、自分で作ったゴールを実現したいという欲望をどうしても手放せないのなら、ぜひその道を選んでください。その時点においては、スピリチュアルな智恵は、知的な興味の対象でしかありません。

常に自分に正直でいることです。到達していない意識のレベルを生きることはできません。進化の過程のある時点で、真実に対する切望を満足させるものは、この世界にはないことがはっきりします。世界への興味は自然と失われます。この状態を、痛みを逃れる知的手段として取り入れる人もいます。彼らのスピリチュアルな信条では、欲望を捨てることを「良いこと」とするため、マインドは「私は欲望を捨てたのだ。もう世界になど興味はない」としてこれを隠れみのとして利用します。その場合、人生は例外なくあまり心地の良くないレッスンで、謙虚さとは何か、正直であることの大切さを教えます。彼らの態度は、成り行きの中で自然に見直されていくでしょう。真実への切望は捏造《ねつぞう》できません。人生への執着が失われ、すべてを手放す準備ができた時、内面からの呼びかけが絶頂に達し、最終的に欲望は消え去ります。この段階になると、少なくとも、実際にたどり着ける場所はどこにもないことがわかります。

多くの人が、スピリチュアルな探求者になります。次から次へと秘儀的な哲学をわたり歩き、ジグソーパズルの足りないピースを探すように、いつも人生に何か足りないと感じています。評判のヒーラーやシャーマン、賢人にいたるまで、地球上のどこへでも訪ね歩きますが、十分に気持ちを満足させてはくれません。探求者は、完全なる休息、〝我が家〟が欲しいのです。癒しも、スピリチュアルな探求も、自己探求という点においては同じです。しかし、どんなに探し歩いても「私は誰か」という真実を知らなければ、本当の満足も休息も得ることはできません。

ただし、その動機は「真実を知りたい」という欲望である限り、探求自体が邪魔になることもあります。その場合、探求はマインドが行っています。「悟り」でさえ、概念の枠を超えては存在できません。あなたが真実を探そうとすればするほど、そこから遠ざかってしまうのです。

あなたの思考、あなたが持ったことのあるすべての考えには、特定の起源があります。すべての考えの源は、「I－私」という思考です。起原の思考「I－私」は生まれ、「I AM－私は在る」に成熟し、存在として顕現します。「私は在る」が現れたその瞬間、同一化の可能性が育っていきます。同一化は形を発生させます。その可能性に気づいた時、「私は何である」「私は誰である」という考えが存在になります。ですから、自分は肉体を持ったマインドと信じる限り、苦しみは避けられません。これらは一つのパッケージです。何かを探しているという考え、そのような感覚や状況は、あるがままの状態に対する不満や拒否から生まれます。自分以外のものになりたい、違う自分を、人生を感じたいという欲望をよく考えてみてください。それは、あるがままの完全なる秩序、内なる深い安らぎを邪魔しているただの考えです。

思考は気を散らし、終わりのない欲望を生み、眠れない夜の原因にもなります。しかし、思考には一定の法則があります。どんなに思考が混乱しているとしても、すべての考えは一つの思考から来ています。空《くう》から発生する原初の動きが「私」という思考と共鳴し、さらなる思考が生まれるのです。すべての思考は等しく、何のパワーもありません。あなたが、思考を真実として重視し、力を与えるまでは存在しません。思考を信じることを選ぶと、それらを存在自体に引き寄せ、ドラマが始まります。

あなたが自分を誰だと思っているか見てみましょう。自分は肉体だと当たり前のように信じていますか？　自分が単なる肉体（形態）ではないと気がつくことは簡単です。もし手足を切断したら、存在として欠けてしまうでしょうか？　視力や聴力など、私たちと密接な感覚を失っても、以前のあなたから欠けたものは何もありません。本来の感覚を失って、生活上は調整が必要かもしれませんし、はじめは感情的な反応もあるでしょう。新しい状況にどう対処するかは、自分自身を体として認識している度合いに比例します。簡単に適応する人もいれば、難しい人もいます。変化に対応している間は問題でも、あなたが本当に誰であるかは何の影響も受けません。体でもなければ、その機能でもないことは明白です。もしあなたが自分の体なら、身体の永続的な変化に対し、すべての人が同じ反応を体験することになるはずです。

あなたは自分の思考ですか？　あなたが考えを「持っている」とわかったら、どうして自分が思考になれるでしょうか？　ある考えが注意を引いたとしても、しばらくして、同じ考えをすでに持っていないことに気がついたことはありませんか？

つまり、あなたは「その考えよりも以前にいた」ということになります。思考は来ては去ります。もし、それに気がついているのなら、どうして、あなたが思考になれるのでしょう。マインドと思考は全く同じものです。マインドは単純に、思考により作られ、構成されています。マインドを使う時、あなたは自分の思考に引き込まれています。あなたはマインドを「持っている」のだと気づいてください。それゆえ、あなたはマインドではありません。それは、あなたが持っているだけのものです。

あなたは何で、誰ですか？　同一化の可能性の世界、形の世界から自分を引き剥がし、意識を「私は在る」（観照者）に置いてください。その場所から、同一化しようとするマインドの活動から離れ、偏らずに物事を見ることができます。「私は在る」の観照者モードにおいてあなたは、感情的反応から自由で、今この瞬間起きていることの流れが簡単に優先します。「私は在る」の状態の意識では、ものごとはあなたに起こりません。物事は起こり、あなたは対応しますが、同一化は今やそれほど活動していません。ある程度、快楽、痛み、そして苦しみのサイクルのドラマの外にいることになります。

自分自身についての認識を、すべて取り除くことは不可能ではありません。そのためには思考をトレーニングする必要があります。この本の指針に沿い、あなたの意識を、人生の観照者として保ち続ける習慣を育んでください。思考をトレーニングすれば、大いなる自由という贈り物が与えられます。しかし、そこに意識を永久に留めることはできません。そのためには、さらに明らかにされるべきことがあります。

「私は在る」の状態は、私たち人間（human being／在る人）のいるところです。形の世界では（human doing／する人）になる傾向があります。確かに、「在る人」から「する人」へとシフトしているようですが、そこに疑問が生じます。一体誰が「私は在る」という形との同一化のない状態から、形と同一化した状態へと移動しているのでしょうか？　一体誰がこの二つの状態があると理解し、一体誰が同一化を放棄して自由を手にするのでしょうか？

あなたは、これらの状態より前にいるはずです。両親が赤ん坊に名前をつける時、子供よりも先に存在するので、名前をつけることができます。形のある状態と形のない状態、両方に気がつくには、そのさらに以前にいなければいけません。あなたが、観照者として物事を見られるのなら、その観照者も見ることができます。しかし、あなたは「本当のあなた」の観照者にはなれません。では誰が観照者を見ているのでしょうか？

注意を究極の「見るもの」に向けてください。そこに留まってください。それを体験したり、現象として話すことができるのなら、マインドがトリックを仕掛けています。すべての考え、イメージ、体験を拒絶してください。いちばん微妙な内なる動きに、注意を向けるのです。それは無の直接的な経験で、未知であり、空《くう》です。あなたという感覚さえありません。本当に何の感覚もありません。あなたはそれです。もしマインドが、「無はこうではない」とか、「空から連想されるイメージとは違う」などとコメントしたら、マインドの性質は疑うことだと思い出してください。マインドは、マインドの仕事をしているだけで、信じるかどうかはあなた次第です。静かに「それ」として在ることができるなら、疑いなく、少しのためらいもなく、それが否定できない真実だと知るでしょう。これを学ぶことはできません。これは真実として発見され、すべての人に届きます。これは教えではありません。道しるべです。

究極の「見ている人」は誰なのか、何なのか、見つけようとせず、この本を読んでいるだけでは何の意味もありません。サッと読み通しただけで、真剣に内面を見ないのなら、存在が与えられるいちばん貴重なダイヤモンドを、投げ捨てているも同然です。あなたの自然の状態は、この空の状態です。これを直接経験すれば、空や無に対する定義付けなど全く及びません。空は言葉のように「満ちていること」の反対ではなく、何も何かの反対にはなりません。あなたは反対や対比からは成り立っていません。これらは思考の領域にのみ、存在するのです。

あなたは誰か、究極の真我を表す言葉を見つけるのが、なぜそんなに難しいのでしょう。なぜなら、言葉はマインドの生産物であり、真我はマインドより先に存在し、マインドを超越しています。すべての考え、概念を捨てるのです。そこには永遠の安らぎと静けさがあります。これまでも言われてきたように、静寂は真我の言語で、言葉はマインドの言語です。静寂は言葉を超え、マインドを超え、コミュニケーションを超越しています。静寂のいちばん純粋な形は真我です。しかし、「完全なるもの」がすなわち静寂であるということではありません。何もないので何にもなりません。ただ、「完全なるもの」は、純粋な静寂だといえるでしょう。あなたはそれです。それゆえ、いかなる存在も不在もない、「完全な静寂」があなたの自然の状態です。真我に在る状態が自然なのです。これがあなたのありのままの状態です。これまでに起きた出来事は、かなり長い間、あなたの注意がどこかよそに向けられていたということを表しています。

あなたの自然の状態とは、マインドの状態ではありません。それはどんな状態でもありません。しかし、言葉の描写には限界があります。状態と表現することは適切ですが、定義ではありません。もしこの自然な状態を探しに行けないとすれば、どうやって見つければいいのでしょう?　「どうやって」が含まれる質問は、個人的マインド、思考からやって来ます。あなたの自然の状態は、マインドを超えたところにあります。おすすめできるテクニックはありません。しかし、多くの人が成功している道しるべのようなものはあります。

では、この自然の状態を「体験」できるのでしょうか？　真我にある時、あなたという存在はありません。実際に、あなた自身をその場所に連れて来ることはできません。そこに在るには、あなた自身を取り除くわけですから、それを体験することさえできないでしょう。あなた自身と思ってきたものは、観念、壮大な思考のコレクションであることが、今、まさに明らかになってきているはずです。この世に存在するものすべては、単純に思考だということが、疑いの余地を残さず、はっきりとわかるでしょう。真我は在り、思考は真我から生まれ、思考は真我に戻っていき、その間も依然として真我のままです。その最初の動きは「私」です。

はじめに、この真我から来た最初の力は「私は在る」として成熟します。「私は在る」はそれ自身を体験するための体験者が必要だったのです。形の世界は、体験を体験できる体験者を提供するために、物質的に創造されました。そこから私たちは分離し、これ・あれ、正しい・正しくないという、お馴染みの二元性の世界が誕生したわけです。

もし、同一化にそれほどの説得力がなければ、マインドが創りだした映画の中に、これほど深く迷い込んだりしなかったのかもしれません。しかし私たちは、体験を渇望し、イキイキと感じるのが大好きです。私たちの興味が、個人の生活を生きることに向けられていたとしても、あなたが誰かという真実は影響されず、完全にそのままです。素晴らしいことに、あなたが何をする・しないにかかわらず、あなたは時を越え、すべての思考を超えた存在です。真我に在り「私は在る」から世界を観照しても、制限された二元性の個人的な世界につながっても、どちらも真我はそのまま変わりません。すべては真我から生まれ、真我に帰っていきます。その場所から展開し、そしてもと来た場所へと戻って行きます。

すべての川は、海へと流れていきます。川は一度海へ合流すると、もはや川の水ではありません。海の水のどれが川の水なのか、識別することは不可能です。それを分離させていたものはなくなり、個は失われます。川の水は、分離が失われること自体気にもとめず、水に向かって流れ、水になります。とはいえ、水はいつでも水だったのです。真我との統合もこのようなものです。

ただ、真我に在ることを阻むものが一つあります。それは、存在としての意識を失うかもしれないという恐れです。同一化の世界から、あなたは現在の体験を失い、それによるアイデンティティを失います。比較に基づいた、個人的な体験は、まるで床に敷いたラグのように下から引っ張り取られます。そのようなものはただの思考で、あなたのアイデンティティは、自分で作った、そして、本当のこととして採用した考えの集積にすぎないことが明らかになったのです。まるで誰かが片隅の蜘蛛の巣を取り除いたように、世界に対するすべての概念は一掃されます。現実感覚もまた、思考によって与えられます。何かが本当に見える時、そこには原型の思考があり、それを本当のように思い込むためには、はじめの考えに現実感覚を与える、もう一つの思考が必要です。そして、思考が現実だという考えは、あなたの考え以外の何物でもないということが、クリスタルのように曇りなく、はっきりとしてきます。

川が海と合流すると川でなくなるように、もはや分離を知りません。自分は川だったということさえ思いつきません。〝我が家〟はここです。それが、今あるがままのすべてであり、思考は生まれません。思考がなければ、分離して存在する個人は存在し得ません。分離して存在するものは思考であり、それは決して現実ではなく、真我だけが**現実**です。しかし、真我を知ることはできません。知るには誰かが必要で、私たちはまた二つになります。そうして何かを知るものは、知られることができます。この三位――知るもの、知ること、知られるもの――は、形の世界でのみ有効です。

真我は知られることができません。真我は完全な「智識」です。「知られる」必要はなく、「知るもの」も「知ること」はできません。完全であり、特別な質や、属性はありません。なぜなら属性があるということは、その反対の属性もあり得るということです。完全なるものは真我で、真我は完全です。しかし、言葉通りにとらないでください。静かに座り、浮かんでくる考えと関係を持たないようにしてください。興味を示さず、過ぎ去らせるのです。真我を探そうとしないことです。それは自分の網膜を見ようとするようなものです。あなたはすべてを超越した存在であり、意識の中に現れる「私は在る」です。

マインドはあなたを、形の世界、そして形のない「私は在る」にも連れていきます。マインドを超越するには、ただ、考えないことです。あなたがとても大切にしている、自分自身についての概念を作り出す道具を使わないようにするのです。マインドをくつろがせてください。考えは来ては去ります。どんな考えにも、しがみつかないことです。ただ手放し、リラックスするのです。努力せず、ゆったりと構えるのです。何もせず、努力せずに……。あなたはどこにも到着しないことがわかるでしょう。時間の外では、かつてそうであり、これからもそうであるように、相変わらずそのままです。あなたはそれです。そこに留まるのです。見るもの、感じるもの、知るものは何もありません。それらはすべてマインドの機能です。マインドがなければ記憶もありません。真我と直結し、いついかなる時にも常に新鮮です。そこにはただ静寂があり、安らぎがあり、欲望はありません。「これであるはずがない」という感覚はありません。「もっと何かあるはずだ」という感覚も生まれません。完全な全体性がそこにあります。

このスピリチュアルな智恵に慣れ親しむに連れて、「私はこうだ」「私はこんな人だ」という判断は、**現実**ではないことがわかるでしょう。これらは概念にすぎません。あなたが進んでこのような認識を放棄すれば、それは粘着力を失い始めます。マインドは実体がないだけでなく、概念にすぎないのです。

思考の影響を超越すると、一時的で非永続的なものはすべて**現実**ではないのです。有形・無形、人生に現れる物事でさえ、イメージ以外の何物でもなく、真我という鏡に写る反映にすぎないことがわかるでしょう。鏡自体は、反映からの影響を受けず、乱されません。有形との同一化、無形との同一化、あなたはあらゆる同一化のドラマから自由で、その外にいることがわかるでしょう。真我を片時も離れたことはなく、あなたは、あなたであるもの以外になることはできないと理解するでしょう。思考の中のイメージだけで、本当は実在しない人物が、浮かんでは消えるかもしれません。すべての一時的なものは**現実**ではないこと、そして、つかの間の存在を盲目的に信じることは馬鹿げているとわかるはずです。この展開自体があなたにとって真実ならば、そして、単なる知性の訓練ではないのなら、あなたは同一化の外にいます。もしこの荷ほどきが自然な動きから来ているなら、あなたはドラマの外にいます。

これを、自由や解放という言葉で表現するには限界があります。しかしそれは、この展開からくる幸福や、喜びの直接的経験を表現しています。自然に人生を受け入れていくことができるようになります。調和と秩序が、生活の細部にゆきわたり、良識に基づいて物事が起こるように感じられ、また、それが当然のこととなります。。普通の毎日の暮らしが続く中で、行動は、揺るぎない内面の「静かなる力」に裏付けされ、個人的な課題を語る言葉は消え失せます。あなたの体に、人生に何が起ころうとも、その状況は長くは続きません。それは映画のようなものです。脚本にある役を演じる代わりに、観客として座っていていいのです。あなたが何をするにしても食べ物、着る物、住まいは必ず確保してください（あなたの子供たちにも）。これだけあれば大丈夫です。至福の直接的な経験で、喜び、幸福、平和、そして思いやりのある愛などが、あなたを通して芳香のように漂っていきます。

心地の良くない感覚は、無視してください。それもまた形のゲームで、あなたの注意を引くことなく、ただ過ぎ去ります。個人的な私だけが、好き嫌いの反応を引き起こします。アイデンティティがなければ、そのような判断は生まれません。そこには休息があり、不変の真我は真我のままです。何もあなたの注意を引きません。なぜなら、何もあなた「個人」とは関係ないからです。人生は相変わらずいろいろなことが起こりますが、あなたが何に関わろうとも、個人の問題という「重さ」が発せられることはないでしょう。

今まで読んできたことが、あなたの内なる真実と共鳴するかどうか、この時点でチェックしてみましょう。もしそうなら、この章をもう一度読んで、完全に知的レベルで理解しましょう。その後は、知性を脇に置いておきましょう。これ以上何も読む必要はありません。ただ、真我でありましょう。時間も概念にすぎないとはっきりわかるまで、24時間ずっと真我にいるのです。やがて真我にいる誰かが、真我と溶けて一体になるまで。

もし内なる共鳴が、これを真実として受け入れないなら、あなたの知性を、興味をもって見つめてください。そして、マインドの反論があることを知ってください。疑うマインドは、コントロールしたがります。マインドができることといえば、苦労して獲得した信念を使い、内に向かう動きに抵抗することです。真我になどアクセス出来ないと信じることも、このカテゴリーに入ります。これらすべては意識から現れるマインドの活動であり、有形・無形の反映にすぎません。そして、まっさらで曇りのない完全なる鏡の中に、つかの間に映しだされます。

deep sleep **6**

深い眠り

誰でも質の良い眠りが大好きです。夢を見ることのない深い眠りは、何よりも私たちに活力を与えてくれます。良質の眠りは心身の健康に欠かせません。誰もがみな深い眠りの体験を楽しみます。

深い眠りは、なぜそんなに良いのでしょう？　生理学的利点も含めて、深い眠りはたくさんのものを与えてくれます。あなたが誰とベッドを共にしていようと、眠りに落ちる時は一人です。深い眠りの体験は、夢を見ることなく、事実上何も起こらない状態です。言葉は存在せず、イメージもなく、ドラマは上映されていません。認識もありませんし、観照も起こりません。気づく人の不在により、認識されることがないのです。それにもかかわらず、寝ている間、体験の完全な不在の中で、あなたは存在しています。「私」に伴うすべての信条、義務、責任……マインドが活動している間、「私」がしがみついている大切なものは、すべて存在しません。しかしながら、あなたは、寝ている間も存在すると自信を持って信じているでしょう。そこに存在するものは、いつも自分と認識しているものとは別です。

深い眠りの中では、すべての気づき、意識は消え去ります。単純に意識はありません。意識自体は思考、またはマインドです。何かに対し意識的になるには思考の関与が必要です。意識がなければ、言葉も、人生も、家族も、仕事も、笑いや記憶、感情もなく、そして、過去・現在・未来も、正しい・正しくないもありません。現象の世界は、意識がなければ存在できません。意識、つまりマインドがある限り、現象の世界は続きます。逆に言えば、あなたの考えや、名前、意見と共に見ている世界は、意識に参加していない状態では存在しなくなります。それが本当かどうか、よく調べてみましょう。

まず手始めに、何が永続的かどうか、見てみましょう。永続的でないものは、移ろいやすく一時的です。それゆえ私たちにお馴染みの現実は、相対的な感覚の上に成り立つということに、あなたは気がついているかもしれません。意識がなければ時間はありません。時間自体が思考です。時間という概念を手放すと、深く眠っている間、続いている世界はないことがはっきりとします。連続する時間という概念は、それを信じる限り、いつかまた後で目を覚ますという体験を可能にします。時間という概念がまだ強い場合、継ぎ目なく真っすぐで乱れのない一連の出来事が、連続する時間の中で起こります。時間を信じると、この構造が確立されます。

驚くことに、私たちは時間に関して全く問題がないようです。と同時に、深い眠りをとことん楽しみます。深い眠りの中には、一人で行かなければなりません。そして、深い眠りはあなたが特に意図しないところで起こるのです。にもかかわらず、なぜこれほど、私たちは深い眠りが好きなのでしょう？　深い眠りのあと、もう一度意識を取り戻すという保証はありません。過去の体験から、目を覚ますだろうと予想しますが、眠っている間は、意識を取り戻すかどうか気にもとめません。朝を迎えないかもしれないという恐れは、意識がある時にだけ起こります。そこには、その恐ろしい体験を進んで信じる誰かが必要ですが、深い眠りの中では誰もその対象になりません。

なぜでしょう？　深い眠りの中で、あなたは自然に真我に在ります。もっと正確に言えば、自然に「在ること」が真我で起こります。そこに気づく人はいませんし、誰もいないのですから。もし誰もいないのに、あなたが存在するとしたら、あなたは「私」という思考以前に存在し、思考を超えた存在であると言えます。深い眠りの中で、あなたはただ、あなたではないものを手放します。体は休んでいます。でも、あなたはあなたの体ではありません。肉体の深いリラクゼーションは、真我に在ったことの結果です。これはあなたの体さえ楽しむことのできる、自然な状態です。真我は、直接的に深い眠りの中で経験され、マインドは容易に休むことができます。思考活動はありませんが、あなたは存在し、おおいに楽しみます。観照している「私」はありませんし、どんな体験も起こりません。どこにも何もありませんし、どこと呼べるような場所もありません。マインドが関与していないと、「私」という思考はありません。

さてそれでは、「私」なしで、誰が考えを持てるのでしょうか? そこには、思考とつながる、「思考する人」もいません。あなたが深い眠りの中で何も覚えていないのは、認識するものが不在だからです。体験する人は誰もいません。なぜなら、分離はなく、同一化もなく、それゆえ認識されることもありません。観照されるものが何もない時、観照者は消え失せます。観照する材料がないと観照者にはなれません。思考がなければ、思考する人も存在できないことと同じです。見るものと見られるもの、主観と客観はマインドに属しています。眠りの中で、マインドは活動を停止します。にもかかわらず、存在自体はいつものように、**完全なる存在**です。マインドが休息している時も、完全なる真我としての意識はありません。真我は意識して体験されなくてもそこにあります。真我は何からも分離していないように、真我自体の意識はありません。

深い眠りの間は何も起こりませんが、あなたは存在しています。つまり、体験から何を得たとしても、あなたの存在には何の影響もないことがわかります。何が起こっても、起きていることに全くお構いなく、あなたは静寂そのものであり、不変の真我です。完全なるものが存在するために、いかなる体験も証拠も必要ありません。

マインドの不在とともに、深い眠りの中で個人は不在です。あなたは完全なる真我で、あなたの本質は、一度もマインドの存在、不在に左右されたことはありません。そして、誰である、誰でないといった「個人」から独立しています。同様に、完全なる真我の本質もまた、純粋なる智恵です。それが智恵であるために、誰かに知ってもらう必要はないのです。完全なるものは、「知るもの」「知ること」「知られるもの」の三位の有無に影響を受けず、変わりません。あなたは完全なる存在であり、何も得ず、何も失いません。それらすべてはマインドだからです。

真我から発せられる喜びとやすらぎの余韻は、通常深い眠りから覚め、同一化が再びあなたをしっかり捉えるまで、しばらくの間続きます。一度マインドが活発になると、認識するものもまた仕事を始め、同一化に裏打ちされた、個人的なドラマがすぐに始まります。頑固なアイデンティティと個人のストーリーが強化され、現実として所有される前の時間は、ほんの一瞬にすぎないという人もいます。マインドの焦点が物質的な世界に移ると、私たちが誰で、何であるかという考えが、時間と空間の背景の中で再現されます。ある人は、自分自身である主役俳優を取り囲むドラマの中の絵が、出来事や感情、責任により次第に組み立てられていきます。この時こそ、完全なる存在、真我にそのまま留まれるよう意識をしっかりと保つ機会なのです。これが**現実**です。

マインドの注意を外に向ける代わりに、安らかさや、内なる静寂に焦点を合わせ、そこに意識を留めてください。これは体を動かしている時にもできます。この気づきとともに留まり、1日の展開を、偏らない視点から観照しましょう。その日のうちに起きることは、あなたという個人により体験されるものとして現れます。あなたが信じたいと思わない限り、本当は何も起こっていません。もし体験を信じ、同一化が行われているのであれば、個人的生活に伴う痛みと、苦しみを感じるでしょう。毎日の出来事は、一時的な現れ以外の何ものでもなく、形あるものも、無いものも、常に来ては去るという自然の流れの中にあります。この動きは、私たちの日常に起こる「出来事」とよばれ、完全なるものという不変の背景の中で起こります。もし、あなたが、「私は幸福が欲しい」というフレーズと同一化しているのであれば、単純に、体とマインドとして認識された「私」を取り除き、「欲しい」も取り除くことで、欲望を放棄するのです。すると何が残りますか?「私」と「欲しい」がないと、幸福だけが残ります。このようにとても簡単なのです。

同様に、智恵自体が誰かに知られるためには、それ以前に存在しているはずです。智恵はそれを知りたい誰かが現れる、それ以前にある必要があります。あなたは、その誰かや個人以前のそれです。あなたは、完全なる智恵です。自分が完全な存在ではないかのように信じ、考え、生きることは、痛みと快楽の連鎖を作り、その解決と満足を探そうとします。しかし、形の創造の領域でそれらを見つけることはできません。あなたは、あなたが思っているような存在や、あなたの概念が現実であるという信じ込みを、完全に、きっぱりと放棄しなければなりません。あなたが完全なる存在であることは、マインドが活動している、していないにかかわらず明らかです。個というものは存在しないことを、理解するのです。あなたは誰でもなく、個人という概念はお伽話にすぎません。ありのままのあなたは乱されないままです。常にそうなのです。深い眠りの中で存在するものが今も存在しています。目を覚ます時、深い眠りの中にあるものは、注意の矛先とは関係なくそのままです。

しかし皮肉なことに、あなたはある行動——形と同一化の世界に注意を奪われる——を起こしました。自然な状態に在るためには、行動を起こしたり、何かをする必要はありません。「意識を自然な状態に戻すにはどうすればいいですか?」とよく聞かれます。ここで理解すべきことは、あなたが何もしなければ、意識は今朝の出発点を離れることはないということです。すること(doing)を助長する、必要のない思考活動をやめ、「自然な状態」にまかせてください。深い静寂は、激しく動きまわるマインドの下で、常に休息しています。

朝起きた時、意識は目覚め、マインドの気づきは再び活動を始めます。あなたには、体験を楽しむためのマインドと肉体があります。この時点で、あなたの気づきは「私は在る」にあり、活動を認識することができます。認識が起こるにまかせてください。この時点では何もする必要はありません。マインドが外側に向き、同一化しようとする傾向に気がついてください。これは傾向であり、衝動ではありません。マインドの焦点を内面に向けてください。あなたの注意を、自然な状態の中で穏やかに休ませましょう。毎日を貫く意識の流れの中で生きるのです。いつでも戻ることのできる自然な状態があると知り、リラックスするのです。これは、同一化を回避できる扉を開けたままにしておくようなものですが、目的にしてはいけません。自然な状態を達成しようとしたり、ゴールとして設定するのなら、マインドが関与しているため、はじめから行き詰まるでしょう。リラックスして、マインドのすべての活動を休ませ、自己同一化を和らげるのです。

「どのように」考えを止めるかという方法はありません。思考が創りだすストーリーに没頭することをただ終わらせるのです。止めることは行為ではありませんし、テクニックでもありません。習うこともできません。それは大事《おおごと》ではありません。ただ静かに、穏やかに、思考により作られた想像上の世界に没頭しない、それだけです。マインドが思考と関係していない時、同一化はありません。同一化がないため、苦しみもありません。

早朝の瞑想は、マインドの注意を内面に向けるサポートになります。あなたの注意を、1日の活動を認識するものに留めておくのです。頑固な同一化の習慣を破るという点において、瞑想はいちばん有効な道具です。マインドの集中力を高め、内面に注意を向けられるようトレーニングします。朝の瞑想は外に向かう同一化の習慣を抑制し、気づきを「私は在る」の状態の意識にしっかりと築きあげます。一度、同一化が活動し始め、1日の出来事があなた「個人」に起こり、影響を与えるとしたら、マインドは主体的に新しい素材を加工し、さらに多くの記憶、ストーリー、エゴを構築していきます。

瞑想のようなスピリチュアルな実践の効用がある間は、自然に心引かれる実践を始めるのがいちばんです。このように、意識の遊びがあなたを体験へと導きます。それが人生の自然な展開につながります。スピリチュアルな実践に参加するにあたり、他の人が勧めたから良さそうだとか、特別な結果が欲しいからということが理由ならば、それは大変な努力を必要とし、遅かれ早かれ諦めなければならなくなるでしょう。あなたにとって本当に大切なものは何ですか？　優しく、自然な方法で、スピリチュアルな実践を始めましょう。あなたはきっとすべての存在に対し、本来の寛容さを取り戻すでしょう。

マインドはさまざまなトリックを仕掛けてきます。客観性を養うためにも、その微妙なトリックに注意を払わねばなりません。その罠の最たるものは、「……だったらもっと良くなるはずなのに」という考えです。人生にもっとやるべきことがあればいいのに、子育てが終われば、体重を減らしたら、体の調子が良ければ、貯金があれば、リタイヤすれば、新年の抱負を一年中守れたらもっといいのに……。要は「もし私が……すれば、私はもっと良くなるはず」というフレーズです。マインドは、何があなたをもっと良くするのかについての差別はしません。「条件付け」のフレーズは、何でもいいのです。今この瞬間のこの状況、状態が最良なのだと考えられますか？　「今ここ」は常に最高なのです。信じていたバラ色の未来は、真実を変えられません。特定の状況が生まれたからといって、幸せになれる能力は向上しません。それはただの思考です。永遠の幸福を約束する条件というものはありません。

今、その思考を脇に置き、静かにするのです。黙して座り「私は在る」の中で休みましょう。信じ込みや欲望はすべて、意識の中で起ります。それらをただ過ぎ去らせるのです。あなたのものにする必要はありません。今この瞬間は、何も必要がないのです。すべてはとてもうまくいっていて、他の選択はないと確信を持って知ることができます。ものごとは来ては去ります。思考を少しでも信じるのなら、常に苦しみがやってきます。深い眠りの状態は、少なくとももっと安心できると思いませんか？　その静寂は今、あなたの手の届くところにあります。思考に罪はありません。ただ、思考を自分のものと信じてしまった。その思い込みが真実の深遠なる静けさから、あなたを隔てているのです。観照者の「私は在る」で休むのです。そして、気づきが観照者の中に、さらにそれを見ているものの中に深く沈んでいくのを許し、受け入れるのです。

目が覚めている時に、マインドは空《くう》、茫洋という考えに怯えています。深い眠りの中では、空、茫洋を超えた何かが直接経験され、すべては申し分なく、素晴らしいことを発見します。しかし、マインドは限界を探そうとします。安全を好み、コントロールし、物事を管理します。あなたの自然の状態は、安らかさにあります。しかしマインドは安らかさを、概念としてしか理解できず、安らかさを創造しようとします。また、マインドは、観念と個人的信条の領域にあなたを縛り付けようと、安らかさを一つの到達すべき修練にしてしまいます。あなたが執着せずに観照できるようになれば、安らぎは感じられます。安らぎの邪魔ができるものはただ一つ、思考との同一化なのです。

マインドを静かにするトレーニングは大変役に立ちますが、他にもさまざまなマインドの状態があるように、これもまた特定のマインドの状態でしかありません。マインドの静けさを体験として楽しむことはできます。しかしこのような静けさは、あなたではありません。この種の静けさは概念であり、相対的な体験です。もし何かを体験したら、相対的な体験以外ありません。それは真実ではありません。

すべての体験は来ては去ります。真実はそのままで、不変で、完璧です。マインドが静かだとしても、内なる問いかけを続けるのです。あなたが静けさを体験できるなら、同じように動揺も体験できるはずです。すべての状態にはその反対があります。相対的な静けさや安らかさの体験から結論を出さないことです。体験以外の何かを与えることのできる体験はありません。マインドが提供するすべてのトリックを拒否してください。その先にあるものの中に深く在るのです。ありとあらゆる思考、ありとあらゆるマインドの状態、ありとあらゆる体験を超越するのです。見ている存在、しかし、見られることのできない存在の中で休んでください。そこでは、マインド自体存在しないことが、火を見るよりも明らかです。マインドもまた概念にすぎないのです。最終的に何も学ぶことはなく、何も体験することはないとわかる時が来ます。何かがあなたに知らせます。その理解のもとに、あなたでないものは、ゆっくりと崩壊し始めます。マインドはこの知らせさえチェックリストに書きとめ「この理解が起こらなければ、私が本当に何であるかを体験することはできない！」と言います。これも思考です。

あなたが誰かという体験がどのようなものでも、あなたが本当に誰であるかという完璧さの中で、単に遊びとして起こります。思考との同一化がどんなにはなはだしくても、それもまた真我の形を通した表現です。それも真我なのです。そうでないはずがありません。このワークに関するさまざまな考えはすべて、マインドから来ています。マインドはこの時点で、いちばん微妙な体験を作り出します。体験で立ち止まらず、体験から結論を出さないことです。すべての観念は、マインドの創作です。

ギアをニュートラルにしたままでいましょう。どんなものにも執着せず、目標を持たず自由に流れ、完全に開かれたまま、期待を捨てて見てください。どんなものであれ、時間と空間の中に現れるものは長続きしません。あなたが執着しない時、あなたの本質的要素が**存在**として全面に押し出され、素晴らしい展開を始めます。それをただ信じてください。安心し、起こるにまかせるのです。マインドの批評に耳を傾けると、その動きが止まってしまいます。思考との同一化が一度始まるや否や、それがどんな考えであれ、本当のあなたのエッセンスは、一種の動揺により失われてしまいます。完全なる真我は、あるがままで在るために何も必要ありません。あなたが分離を信じ続けるか否かなど気にもとめません。すべては真我の展開です。何も真我から分離することはできず、失うことは不可能です。分離や喪失、それらは思考であり、また真我の一部でもあります。

自分にスピリチュアルな智識があるとか、それがどのように機能するか知っていると思う時、アイデンティティが存在し、マインドは活発で、さらなる同一化が起こっています。個人的課題がある時は常に、マインドが関与しています。それがマインドの性質です。

本当の発見において、静けさを描写することは不可能であり、個人的「私」はどこにもいません。言葉で表現することはできず、言うべきこともありません。結論を出さず、静かに観照するのです。その**在るもの**は観念であるはずがありません。それは形のないすべてから、形のあるすべてまでを顕現します。それは活動を楽しみます。事実、顕現を通して遊びます。すべての顕現はそこから来ます。しかし、その在るものと顕現の間に関連性はありません。それはあなたの根本でありエッセンスです。混乱はマインドの領域からのみ起こります。しかしそれさえも、うたかたの遊びの一部なのです。

therapy 7

セラピー

20世紀の終わりとともに、たくさんのセラピーが、次々と西洋社会に生まれました。しかし、私たちは、癒やされなければならないほど、壊れているのでしょうか。浄化されなければいけないほど、汚れているのでしょうか？　癒さなくてはならない――それもまた思考ではないでしょうか？　それとも、セラピーは本当に私たちを癒すことができるのでしょうか？　そもそも癒されるべき「私」とは誰でしょうか？

存在するものにはすべて価値があります。石ころから戦場まで、すべてのものには場所があります。ただし、それらが何を与えてくれるかは全く別の話です。「創造」は、手に入れることができる、すべてのものと関われるよう、どんな体験もできるよう、さまざまな選択肢を与えてくれます。「創造」に品質管理の機能はありませんが、すべては選択の判断材料になります。拒絶しようが、受け入れようが、創造には何の影響もありません。これは展開の方法です。可能な限りの方法で形になり、創造本来のペースで源へと帰っていきます。あなたの体とマインドは創造の一部です。時を超え、創造の向こう側にある変わらぬ安息の中で、変化と不安定さを体験します。すべてのセラピー、自己啓発、そしてニューエイジ・テクニックとよばれるようなものは、この顕現の一部であり、私たちに変容を約束しています。

マインドがもし、この変容を欲しがるなら、欲望が活性化しています。変容は起こることもあれば、起こらないこともあります。しかし、一つだけ確かなことは、その時どんなに革新的な結果が出たとしても、一時的な効果しかないということです。なぜならすべての癒しのワークは、マインドの領域で行われるからです。マインドを使ってマインドを解決する方法は、一つの概念を別のコンセプトに置き換えているだけです。マインドが欲しない考えは通常、より快適な思考に置き換えられます。個人的体験は、個人の「私」の領域に留まっているため、セラピーではそれ以上深くはいけません。マインドは、あなたをマインドの外へ導くことはできませんし、しません。

秘儀的なワーク、天使のワーク、アトランティスの知恵、シャーマニック・ワークでさえ、すべてはマインドのワークです。これらのワークは、「あなたがいて、他人がいる」という分離を信じているならば筋が通っているでしょう。あらゆる道は、素晴らしい体験を提供し、このうえない解放感がしばらくの間続きます。恵みを得ることができるのはエゴだけです。セラピーは、エゴをより柔順にオープンにと洗練させ、固まった思い込みを手放す助けになります。ものの見方を変化させる点において、セラピーは素晴らしい目的に貢献しています。自然に引かれ、納得できるものを選んでください。やがて、セラピーへの興味は自然に失われるでしょう。

「しなければならないことがある」「どこかに到着する目的地がある」という考えを信じることは、内なる探求者をつくり出します。それは、あなたが何かになるため、またはなっていない誰かになるために、何かをしなければならないという思い込みのシステムを確立します。これらは思考です。限定された考えがそのまま表現されればされるほど、エゴは強固になります。何か得るものがあるという考えを絶対的に信じている限り、あなたは探し続けるでしょう。探すことにも価値がありますが、それは奥深くに眠る本当に望む宝物には導いてくれません。

すべての探求は、内なる我が家、真我を求めるものです。探求はさまざまな形で、いろいろなレベルで行われます。その行為は、習慣的思考が原因とわかった時点で停止し、終了します。探し求めていたものは、まさに探している人の内面にあることを発見します。真我に留まることができるようになると、思考との同一化は減少し、洗練されるべきものは自動的に再編成されることになります。それはあなたの努力なしに自動的に起こります。このように意識はそれ自身の面倒をみるのです。

セラピーは条件付けや感情について、あなたの理解を深めます。しかし、自分自身のアイデンティティを思考に頼っている限り、セラピーを通した模索の中でも、さらなるドラマをつくり出します。いついかなる時も、努力をせず観照しているのか、思考を信じているのか、この二つに一つです。セラピーは、他のあらゆるものと同じように、歩むことのできる道です。しかし、セラピーがあなたを治すと思うなら、それが本当かどうか調べてみる必要があります。セラピーから何かを得ようと思っているのなら、その欲望から得られるものは一時的な満足にすぎません。何かを欲するという態度は、必ず私たちを苦しみへと導きます。その発端は、「何かを失っている」という考えです。欲するものを得たとしても長続きはしません。欲しいということは苦しみです。何も欲しくない状態が自然なのです。

セラピーはあなたの思考パターンを見せてくれます。また、人生とのより良い関わりを助けるスキルを学ぶこともできます。もし、このようなことに興味があれば、自己への問いかけ（self-enquiry）にあまり興味はないでしょう。人生を体験することへの欲求が、真実探求の呼びかけよりも強いからです。マインドは前者を後者のように巧みに偽装します。両者への切望が同時に起こることはありません。

すべてのものには居場所があります。顕現される秩序の中に、セラピーの場所ももちろんあります。あなたがまだ、自己への問いかけの準備ができていないと信じるのなら、それもまた思考から展開する体験です。内なる問いかけに引かれ、内なる興奮を感じるのなら、それ自体に導かせてください。スピリチュアルな実践があなたの興味を引き、そしてそれが正しいと感じるのならその道を進んでください。どんなテクニックであれ、セラピーが助けになるのなら、開かれた心と正直さを持ってその道に乗り出してください。「誰がその実践をしているのか」という質問が訴える力を持つまで、意識は実践を見つけ続けます。やがて、エゴを磨いていくというワークへの興味が失われる時が来ます。パーソナリティを再構築することが、価値があるとは思えなくなるのです。そして、焦眉《しょうび》の質問として「自分は何であり、誰であるのか？」がより重要になります。あなたは完全なる真我のドアをノックしているのです。「何が私のためになるのか」という質問は、マインドから生まれた思考です。思考を現実のものと信じるかどうかはあなた次第です。意識が高いとか低いとか、ある存在は他の存在より進化しているとか、そのような二元的な判断は手放しましょう。これらはマインドで全く役に立ちません。意識の遊びがただ一つあるだけです。個人的な「私」は自分のマインドを超越したところには存在しないという絶対的な確信を持つと、個人の魂がこの星を分かち合っているという考えは、幻想に基づいた概念として消え失せます。世界が実際にそうであるかではなく、あなたは、あなたの見方で世界を見ています。これを覚えておきましょう。

真我は、自分のプロセスに取り組んで得ることのできるご褒美ではありません。何も克服する必要はありません。いかなるエネルギーワークや感情、精神的プロセスも、真我の発見には貢献しません。同様に、どれほどたくさんのスピリチュアルな実践をしても、真我実現につながるとは限りません。これらは単に意識から生じる思考です。意識はあなたがプロセスに取り組んだかどうかは気にしません。解決しようともしません。何も解決する必要はないのです。すべては展開すべく展開します。さまざまなプロジェクト、方法論、テクニックは、物質であれ、思考であれ、あなたが客体として認識できるものはすべて存在の可能性があり、意識の中に生じます。しかし、それらはやがて衰え、意識の中でそれ自体の死を迎えます。意識の中ではすべてが変化します。他には何もありません。文字通り何もないのです。あなたは物質や状態、形態、そして非形態でさえ超越しています。あなたはその不変であるものです。意識とは、マインドがマインドから来たものを見ているだけで、そこには実際何もありません。もし個人という限界を自分に課さないのであれば、すべてのストーリーはその限界とともに消滅します。同一化を手放し、観照する能力に気づくと、間違った思い込みを自動的に整理整頓するという作業が始まります。

このような内なる認識が起こると、恐れと不安は消え失せ、完全なる空《くう》の中で落ち着きます。あなたが次の考えを信じるまでは何の特徴もなく、乱れもありません。何も重要ではないことがさらにはっきりしてきます。あなたを悩ます条件付けされた考えは、意味を持たないと理解します。個人としての性質は体としてありますが、それは本当にあなたと言えますか？　体に生じるもの、マインドに生じるものは消えていきます。マインドにより提示されたものに注意を向けてはいけません。あなたはそれではなく、それとは関係ありません。

もしマインドが「観照者に注意を向け、真我に在るべきだ」というならそれも思考です。

ただ、あるがままでいましょう。自己への問いかけに「～すべき」はありません。あなたが何で、何でないかが十分にわかった時、本当のあなたであるためには何もすることがないのです。ただし、はじめは思考との同一化をしないよう、自分に思い出させる必要があります。しかし、これもまた破られるべき習慣です。やがて、意識の展開が、思考との強力な同一化の誘惑を消し去り、思考はますます個人的な興味をもたずにただ過ぎて行くようになります。

思考や感情を歓迎しましょう。体に衝撃が流れることを許し、体の痛みも受け入れるのです。観照者はどのような顕現に対しても、好き嫌いを判断する能力がありません。マインドだけが気にします。観照者は「楽しいひと時が去ってしまわなければいいのに」とか、心地よくない感情に「早く過ぎ去ってほしい」と願うことはありません。どちらも信じず、偏りません。良い・悪いという質はマインドによってだけ認識されます。好き・嫌いのような判断が起こる時、あなたは観照者として見ていません。変化をただニュートラルに見つめるのです。あなたは変化しません。それが何であれ、干渉する必要はありません。変転極まりない条件付けされたマインドに関心を奪われないことです。何が心地良く、何が不快かという思考をあなたのものにしないでください。一時的なものは自然に変化します。

これがものごとの完全なる秩序であり、それが理解できた時、体験という大きな重荷は取り除かれます。

良い・悪い、きれい・醜いという二元的思考を超越すると、素晴らしい無力感を楽しむことができます。ものごとは単純にあるがままです。すべての質を定義するコメントは、条件付けされたマインドから来ています。ですから、批判や称賛を個人的に受け取っても、意味がありません。好悪は思考で、あなたが誰かということとは全く関係がありません。存在し得るすべての思考や意見は、ある時点で存在します。そしてどれもあなたに属してはいません。事実、知性よりさらに深い観照者の場所では、「個人」はいかなる状況においても、概念でしかないことがわかるでしょう。行動は自動的に起こります。それは個人的な「私がしなくてはならない」という感覚ではありません。自動的にものごとは起こります。思考時には、自分の体の外に感じ、見ることもできます。これは偶然とよばれています。思考との同一化をやめ、自然に行動が起こるようにするのです。「私は在る」の簡素さの中に深く在ってください。概念で自分を定義せず「私は在る」のままでいるのです。「私は在る」以外の定義は、今まで生きてきた間に採用しただけです。もし、自分自身を定義付けたいという欲望が湧いてきたとしても、そうしないことです。エゴは価値、ストーリー、意見など、何かをつかみ取ろうとする傾向があり、アイデンティティを再び固めようとします。あなたが信じるいかなる考えも、それがどんなものであれ、個人的な「私」を永続させることにのみ貢献します。

いちばん微妙でとらえ難い概念は「私」という概念で、そこからエゴが生まれます。その「私」がなければ、自分は感情や思考の創造主ではないことが明確になります。思考とは単に、意識の空《そら》を横切る雲のようなものです。浮かんでは消える考えや、感情で自分を定義づけるのなら、それに生命力を与え、エゴは回復してしまいます。感情や考えはあなたを流れて行きます。それは生です。感情や思考により自分自身を定義しない限り、それらがあなたを悩ますことはできません。過ぎ去るものを観照し続けるなら、あなたは観照さえしていないことに気づくでしょう。観照という行動が努力なしに、あなたの肉体に貫流していることがわかるでしょう。

観照とは「何かをすること」ではありません。それは考えであり、概念です。観照自体も概念です。肉体に貫流する力は、**完全なる静寂**です。形のない「私は在る」を味わうこと、認識することは、限られた見方のように思えることがあるかもしれません。もしそうなら、それはマインドの抵抗です。あるがままのものを一度垣間見れば抵抗はすぐに去ります。「私は在る」の中で休むことは、自然な思考のない状態です。思考が不在の時、静寂は生まれ、奥深い喜びがそこにあります。この静寂は、噂話やくだらないおしゃべりに、その生命力を与えません。巧妙に、微妙に個人的「私」を再強化する、取るに足らない体験や、意見を語る言葉を見つけられません。内なる安息と、生来の落ち着きが勝ります。外側はすべて普通に現れます。しかし内面は空であり、幸福であり、静寂に満ちています。

宇宙の調和した秩序の流れに逆らっても、全く無駄であるという理解のもと、安堵と明るさと軽さにあふれた、一種の絶望感と無力感が生まれます。マインドのない静けさから、その流れははっきりと見え、観照することができます。動機に基づいたすべての努力は無用で、不必要だとわかるのです。

self-enquiry **8**

自己への問いかけ

「自己への問いかけ」とは、自分とは何なのか、誰なのかを発見するため、自分の内面を探求することです。自己への問いかけに正しく取り組めば、ありのままの自然の状態、真我を直接経験します。

はじめは知性を通じて働きかけることになります。テクニックの一部は知的な理解が必要だからです。この段階では、「真我に在ろう」とする努力が必要です。この努力を続けることで、次第に「真我に在ること」ができるようになります。もちろん、そこには時間はなく、時間という感覚もありません。この努力と練習により、〝在ること〟は自然に起こるようになります。外に向いていた不自然な状態のマインドは、内面に焦点を当てて、修復させなければいけません。努力はこの点においてのみ必要です。マインドは、本質を理解するためにしなければならないことがあると考えるからです。ただ静かにいましょう。マインドに注意を向けず、避けるのです。マインドは真我の反射であり、完全に真我に頼っています。このことは最初に理解されなければならず、やがてはっきりとわかることになるでしょう。

「自己への問いかけ」を説明しようとすると、たくさんの矛盾が出てきます。これは言葉を使ってマインドを超越しようとする限り、避けることができません。有限は無限を描写できますが、無限を超えると、マインドはその過程の中で不要になり、その存在は消滅します。マインドに実体はありません。マインドは生き残るために体験を探します。その存在を継続させようと必死になり、自らの消滅に、進んで身をまかせたりなどしません。マインドはあなたと一緒に「自己への問いかけ」に取り組みたいのです。

そのために、マインドは何をするべきか、何を感じるべきか、どのように体験するべきか、何を期待すればいいかというチェックリストをはじめに用意します。あなたがうまくやっているかどうかを査定し、自己への問いかけをスピリチュアルな体験とみなし、興味深い現象を見つけようとします。内なる問いかけの間、もし光や色を見たら、拒絶するのです。それは概念です。天使のような存在や、スピリットガイドに出会ったら、それも拒絶してください。マインドはさまざまなトリックを仕掛けます。完全なるものは顕現、概念、イメージ、「私」など、何も含んでいません。どんな体験であっても、体験はあなたの想像が遊んでいるだけです。これは「自己への問いかけ」ではありません。マインドはただマインドがすることをしているだけです。マインドは「私は在る」の向こうを空《から》、空白、停滞とみなします。マインドは現象を超越できないからです。「自己への問いかけ」の際に、理解したと思ったり、到達したり、聖杯をみつけたり、どうするかすでに知っていると感じたとしたら、マインドを超えたものに何一つ触れてはいません。自分自身の創作を、探索しただけにすぎません。

真我を悟りたいという欲望もまた、あなたの焦点がマインドの領域にあることを示しています。真我を発見したい、内なる問いかけの明確な答えを得たいという欲求は、「体験するもの」が「体験すること」を「体験する」新たな機会として解釈されます。「自己への問いかけ」は体験ではありませんし、体験することはできません。真我はマインドの不在時にのみ直観されます。マインドは「自己への問いかけ」において、マインド自体が大きな障害になることを直視したくありません。ですから、マインドはこれを猛烈に拒絶すると予想してください。

「自己への問いかけ」は、私たちが気づかないほど、とてもシンプルで簡単です。努力することは、社会において高く評価されていますから、それを放棄することにははじめは困惑することでしょう。さまざまなスピリチュアルな思潮は、人類の問題解決にいたるまで、満足のいく進化まで、長い道のりをまだ進まねばならないと主張しています。この考えはめったに疑問視されることはありません。それは真実として受容され、現実として信じられています。しかし、旅路はありません。スピリチュアルな進化は終生をかけて得るもの、という概念は、真実ではありません。機能しない結婚生活を立て直した時、手放した時にはじめて、自分が本当に誰であるか、見つけられるという考えはありませんか？　感情的な痛みや心配が癒やされた時、ついに真実を知ることができると思っていませんか？　個人的ワークやヒーリングは、〝本当のあなた〟というご褒美をくれることはありません。あなたはこれらすべての体験の目撃者です。しかし、旅をしなくてはならないと信じたいなら、行くべき場所、読む本、出席するセミナーやコースを見つけ、旅は始まります。「私」という考えが、すべての思考の源です。個人的「私」である「思考する人」なしに、思考を持つことはできません。すべての思考は意識の中で生まれます。マインドは、あなたの思考は実際にあなたのものだと信じさせます。すべての思考は、あなたと関係していると主張します。あなたの意見、あなたの人生、あなたの希望、あなたの夢、あなたのキャリア、あなたの考え、あなたの信条……。「私」や「私の」という感覚なしに同一化は発生しません。真実では「あなたの」も「私の」もありません。思考は思考です。

しかしあなたは、エゴという個人的で主観的な見解に興味を示し、思考を自分のものにしてしまいます。たとえば「思考がなかったらどんなにいいだろう」と思う時、それはまさしく起こります。思考をコントロールしたいと思うこと自体が思考です。観照にこだわるあまり、思考に執着しないことを執着することよりも好んだら、それもまた思考です。執着しないことにしっかりと執着してしまったわけですから。「あれが好き」「これは嫌」と好悪を言うのもマインドです。あなたの思考が提示するストーリーを信じるためには、あるレベルで、自分の思考を所有することを望んでいなければなりません。これは、これらの考えを必要とする「思考する人」がいるという考えを強めます。それゆえ、すべての思考の起原は「私」という思考にあります。「自己への問いかけ」は、あなたをこの「私」という考えの源へ導きます。

静かに座り、どんな思考にも参加せず、今この瞬間のためにマインドの活動を脇に置きましょう。あなたの注意を「私」という考えの源に向けます。「私」という考えは個人的な思考の原型で、ゆえにマインド自身です。あなたの注意を「私」という考えの源に置くと、自ずとマインドの向こう側、マインド以前、マインドを超越したあなたの内面につながります。「どこから〝私という考え〟が生まれるのか」という問いかけしてみましょう。それはすべての思考の源です。「私」という考えにいちばん近い源はどこか探そうとするうちに、それは概念以外の何ものでもないことがわかります。すべての思考の源は分離したり、独立して存在していません。すべての思考、概念、いちばん微妙な「私」という考えでさえ、何もないところからやって来ます。無の直観的理解は純粋な真我へと導きます。

「誰がこの〝私〟という思考を持っているのか」と問いかけるのです。ラマナ・マハルシ（1879-1950）の言葉に「私は誰か?」「この言葉はどこから生まれるのか?」と内面でたずねなさいというものがあります。

内面を見て、どこからこの「私」が生まれたのか、見つけてください。この質問は視点を逆さまにします。この質問を自分で解き、見つけたものを疑いようもないほどはっきりと確認することができたなら、考え得る質問の答えはすべて解けています。どちらの問いに関する答えもありません。描写できるどんな答えもマインドの概念的な答えです。この本を脇に置き、今すぐ自分の内面でくつろいでください。今まさにこの瞬間が、問いかけにふさわしい時です。内面に入り、自分自身に聞いてみてください。「〝私〟の源である思考がどこにあるのか?」「私は誰か?」その問いにより何を見つけられるか、見てみましょう。

あなたがある対象を見ていて、その対象から離れているとすれば、それはあなたではないことは明らかです。あなたが見ている物やイメージに対し、それはあなたであると指をさすことはできないと、常識では理解できます。しかし、あなた自身の場合、それよりさらに微妙なはずです。

この探求、または問いかけの中で、何を「私という人物」とするのかを見つけてください。長い間あなたは「私という人物」を現実として容認してきました。その人がどこにいるのか今、探してみましょう。注意をそれに向けてみてください。あなたが「私という人物」として参照しているものが見つかりますか? これを複雑にしないことです。とても単純です。はじめはこの内なる探求に対して抵抗があるでしょう。パーソナリティのさまざまな側面は、真実を発見したくありません。諦めないでください。そして、概念的な答えを受け入れないでください。もし思考があなたの思考として生まれたら、それはあなたのエゴ、または個人的な「私」の存在なしにはあり得ないと知ってください。何が起こっているかに気づき、思考をただ通過させるのです。思考は真実を語れません。「私」という思考があると、「あなた」「彼」「彼女」はすべて分離した存在として表れます。「私」という思考が触れられる存在かどうか見てみましょう。思考の中の主観以外に「私」は存在するのでしょうか？　もしこの問いが適切に行われたら、他人に関する考えや信条は、触って確かめられるものではないとわかるでしょう。それらは概念以外の何物でもありません。すべては本質的には同じで、表現において相違があります。それだけです。もし、あなたが「私」という思考を溶かすなら、すべての差異は消滅しなければなりません（そして、消滅します）。この発見はアカデミックな知性の訓練ではありません。学ぼうとすればすべては失われます。

あなたが観照している対象にはなれないことに気づいてください。目撃者の立場で、すべてを迎え、去らせてください。安らかさが生まれ、あなたの注意は静かに落ち着いていきます。あなたは何で、あなたは誰で、あなたがどこにあるのか、観照者の視点で見るのです。そこには、あなたとして触れられ、認識できる実体のあるものはないことがわかるでしょう。あなたはどこの、どの辺りにいるといえるような場所もありません。あなたの条件付けだけが「私は本物だ」というのです。抵抗し、分離を感じ、ストーリーを持っている「私という人物」は思考です。その「私という人物」、またはマインドは、思考であるという以外の実体を持っていません。

すべては思考です。人格自体が、あなたの中に存在するただの考えです。そのいずれにも確かな証拠はなく、いずれにも実体はありません。これは創造の遊びなのです。「私（I）」はなく、「私という人物（me）」もありません。「私のもの（mine）」はそこから生まれる派生概念です。

あなたは空《くう》です。この直接的経験にアイデンティティを与えたり、名前を付けないことです。見るという行為は起こりますが、その活動に「没頭」している「あなた」はいません。定義できなくていいのです。起こってくることに関係する必要はありません。あなたを爆発させ、燃やし、消滅させるほどの恐れが、注意を引こうと必死に叫ぶかもしれません。しかし、どんな思考にも、全く関わらないでください。爆発し、燃やされ、消滅させられるものがあなたであるはずがありません。この発見により、自然なやすらぎの感覚と健やかさが戻って来ます。

このように空であることは全く自然です。この自然な状態は、守る必要がありません。あなたは、探している安らぎそのものであり、そこに条件はありません。マインド自体がこの無限の安らぎに自然に入っていくでしょう。今すぐに、この素晴らしい発見が可能です。この本ができることは、真実を〝指し示す〟概念を提示することで、あなたをあなたに提示することはできません。「私はまだそこまでいっていない」とか「まず最後まで読んでから、自己への問いかけをしてみよう」など、疑いにあふれたマインドと同一化しないことです。体験を期待しないことです。どんな出来事も起こりません。究極の理解はここにあり、それは空なのです。

すべての思考は「私」という思考が根です。思考は「私」という思考以外の何物でもなく、マインドとエゴは同じものです。つまり、個人的な「私」はエゴ以外の何物でもありません。「私は」から始まるセンテンスで話す時、あなたは自分の存在を承認しています。自分自身を独立した存在として見ることは、あなたを客体として永続させます。しかしあなたは主体で、主体しかありません。もし、独立したあなたが分離した存在としていると信じるなら、何が、そして誰が確実に存在するのか、問いかけてください。あなたが自分と言っているこの「私」とは何か見つけるのです。

この最初の思考「私」を取り除くと、他のすべての思考と概念はゆるみ、根こそぎ引き抜かれます。何が残りますか？　純粋な真我です。しかし、真我を意識的に経験することはできません。真我ではあなたは存在せず、あなたの中心も存在しません。このように主体と客体の感覚は消滅します。どんな形も探し出すことはできません。しかしながら、どういうわけか、直観的空《くう》があります。この認識と相まって、はかり知れない喜びとやすらぎが生まれます。

自分が「これ」「あれ」と指し示すことのできるものや、体験できるものにはなれません。あなたが本質的な存在、真我そのものです。真我は完全なる明白さとともに静寂から現れます。全く疑うことなく、あなたは真我であると心の中で確認してください。思考は現れますが、その重要性はもはやありません。なぜなら、思考に興味のある人も、概念の影響を受ける人も、単純にそこにはいないのです。このマインドを超えた自然の状態の中で、かつての粘着性のある思考との関係は、今、破られたのです。

「私」という考え、そして「私」という考えから派生する混乱をすべて手放す中で、「自己への問いかけ」もついに破壊されなければなりません。私を溶かしていくのですから、自己への問いかけをする人は誰もいません。それゆえ、質問の答えはありません。あなたがその質問の答えです。あなた個人ということではなく、概念としての〝あなた〟でもありません。本当のあなたは、概念を、思考を、考えを、マインドが創造したものすべてを超越しています。「自己への問いかけ」は、個人的「私」に死をもたらします。「私は誰か?」という問いに対して、答えのない静寂がそこにあるだけです。

答えを得る行為は知性の訓練です。マインドがなければ疑いもありません。深い静寂だけです。そこには、主張したり、所有したり、描写したり、洞察を得たりするあなたはいません。覚えていることさえできません。振り返るべき記憶は存在しません。記憶は、同一化を演じるため、エゴによってのみ必要とされます。それは、過去、未来を参照して起こります。真我は、そのような証跡は何も必要なく、記録する必要もありません。これはマインドの機能です。したがって、誰も真我を知っていると主張しません。なぜなら、真我には誰もいないからです。体験として記録することは不可能です。体験には、マインドが背景として必要です。そのような主張のためには〝誰か〟が必要です。誰かという概念が生まれると、分離は形となって現れます。そして、私たちはまた、マインドの世界に戻り、体験した誰かのストーリーを話します。それは真我の直接経験ではありません。それはマインドです。

「私は誰か?」という質問をしてみてください。この道しるべは、多くの人にとって効果があります。ただし、一度その道しるべを使ったら捨ててください。質問をし続けるとすれば、マインドがコントロールしようとします。質問をしたら、その後の展開をただ待ちましょう。その質問を溶かしきってください。そして、残ったものがあなたです。簡単で、完全です。

「自己への問いかけ」は、思考の同一化というドラマから、いつもあなたを引き離します。もし、さまざまな場面において、はじめに自己への問いかけ――「私は誰？」「誰が怒っているのか？」「誰がバスを待っているのか？」「そのコメントにイライラしているのは誰？」「誰がこの痛みに苦しんでいるのか？」――をするとしたら、条件付けのドラマに気づき、**現実**へと抜け出すサポートにもなります。このような集中的実践において、自己への問いかけに疲れを感じるかもしれません。しかし、ここから方法をみつけ、適切なペースがわかるようになります。意識はバランスをとり、調整します。

「私は誰か？」という質問が、他のことは考えられないほどしっかりと、あなたを捉えるようにしましょう。この質問を、軽くとらえるべきではありません。最大限の注意を向け、積極的に関わっていくことが必要です。心のなかで、常にチェックしてください。「私という感覚に、今とり憑いているものは何なのか？」、そこにどんな概念や意図があるか知り、同一化せずに観照するのです。あなたが見ているものは、意識の空間の中の動きだということがはっきりとしてきます。あなたはそれではありません。自己への問いかけを通じて注意の焦点を変えたり、焦点自体を溶かさずに、スピリチュアルな智識を持つことはできません。知的な努力だけでは十分ではありません。「私」として生まれるものの本質が、はっきりと確信できるように、直接経験されるべきなのです。もしこれが内面で理解された時、質問が消滅する時が来ます。ただし、自己への問いかけを始めたばかりの時は、知的な活動になりがちです。それを意識しながら、この時期を過ごしてください。

あなたは完全なるものだという確信が強化され、エゴはますます弱まり、思考は同一化の力を失います。自己への問いかけとともに、古い習慣や思考パターン、執念は自然に間引かれ、消失していきます。問いかけを続け、新たなる精神混乱の創造を終わらせるのです。真我に戻る時はいつでも、永遠の自由という新鮮さと、本当のあなたである空間があります。

あなたが分離しているという考えはマインドからのみ生まれます。マインドの本質を探す時、マインドは見つかりません。あなたが真我にある時、マインドはどこにもありません。それゆえ、ただの思考にすぎないことを、あれこれ思い悩んでも仕方がありません。マインド自体に力はなく、真我という高い力からのみ機能するという事実を一度受け入れたなら、マインドは真我に力を明け渡し、真我に溶けていきます。そのためにも、あなたのどこに「私」という考えの起原があるのか、その微妙な動きを調べることはとても大切です。

真我へ渡る橋はありません。なぜなら、真我と存在し得るものの間には、隔たりなどないからです。あなたは真我です。それを信じなければ、苦しみと痛みは避けられません。あなたがすでにそうであるもの以上になるために、行く所はありませんし、することもありません。自分をどう体験するかはあなた次第です。「自己への問いかけ」を、スピリチュアルな訓練にしてしまえば、また新たなマインドの習慣をつくります。リラックスし、静かに落ち着いて思考との関わりを止めることがいちばんです。すべては自然に展開していきます。真実はすべてを司る力――意識の中で生まれ、意識自身とともにある力――によって露わにされます。すべては来ては去ります。そうさせてください。何が来ようとも、去ろうともそれは全く影響を受けません。一時的なものへ注意を向けてはいけません。それはどこからも来たことはなく、どこにも行きません。体験することのできない、完全なる真我なのです。

真我の直接経験がありながら、小さいふりをしたり、つまらない好き嫌いのストーリーとの同一化や、個人的マインドが創作する欲望、判断を信じることはできるでしょうか？概念もまた、あるがままのすべてのものの一部であり、また意識の一部でもあります。それらを真実と信じることは、人生に困難を生み出します。「私は体である」という頑固な思い込みを手放さずして、自分自身に対する概念を手放すことはできません。すべてを手放し、あなたの中で休んでください。「私は『私は在る』というもの」（I am that I am）や、「私はそれではない」（I am not that）というフレーズは有効ですが、あなたの注意を直接真我には向けません。

「私は誰か？」という質問は、自己への問いかけに取り組む人たちを、素晴らしい宝物へと導きます。最初の思考の源――「私」という思考――の核を見つけるのです。自己への問いかけはプロセスでも、修練でもありません。段階はありません。あなたをどこへも連れて行きません。ただ「私は誰か？」という質問が生まれるところから見ることができるよう、導いているのです。考えず、努力しなければ、あなたのマインドは根底から挑戦を受けることになります。あなたが誰で、何であるかという概念の不在、それが真我です。つまり「私」とは、思考以外の何物でもないとはっきりと言っているのです。そして、あなたはこの源の思考である「私」よりさらに前に在ります。

誰がこの「私」を見ているか、探してください。そして誰が究極の見る人なのか調べるのです。あなたが観察できる、または「あれ」「これ」を指し示すことのできる対象物は、あなたではあり得ないことがはっきりしています。結論として、あなたは、真我を観照することはできません。真我は認識せず、されもしません。直接経験だけです。真我に在るという考えは、使われた後、放棄される道しるべです。なぜなら、誰もそこに留まれないからです。あなたはその中に留まることはできません。あなたであるものに、どうやって留まればいいのでしょうか。あなたは、あなたであるものです。それはまさしく、いつもあなたの発見を待っています。

直接経験において、経験しているあなたはそこにはいません。ただ純粋な形の経験だけがそこにあります。ですから、あなたはそこに留まることはできません。それゆえ、あなたは真我なのです。「真我に在る」というフレーズが示しているのはこのことです。あなたは真我に成ることはできません。真我はすでにあなたであり、真我はそれ以上にも、以下にもなりません。「あなたであるものでありなさい」というフレーズに「どうすれば」という質問はありません。「どうすれば」はいつもマインドの分野です。真我は真我を知ることはできません。真我は、分離と統合を超越した一体性（ワンネス）さえも超越しています。

真我は真我としてのみ在ります。ですからあなたは、真我でないはずがありません。完全にあなたであるものであることは、とても満足できます。あなたが人として満足を感じるのではなく、完全なる満足が、あなたが誰かという思考を超越したところから生まれます。それはあなたのアイデンティティが、個人的なものから、完全なるものへシフトしたということではありません。

自分のために確かめてみてください。そこには完全なるものと、あなたの想像の産物しかありません。どちらがあなたの本質ですか？　真我から生まれる満足感は完結しており、他の現象的なものに興味を持ちません。肉体や人生に起こる出来事、体験できることに頼りません。満足しなければならない「私」という個人は存在しません。あなたは幸福で、自由という概念をはるかに超えた、完結した自由です。体は完全にリラックスし、素晴らしい気安さを楽しみます。気安さは、自然な状態であれば、自由に流れていきます。

これが真実として共鳴し、道しるべがあなたであるものに導くのなら、スピリチュアル・ヒーリングや宗教の居場所はどこにあるのでしょうか？　あなたは壊れていたり、癒やされなければいけないとか、直さなければ、理解されなければ、証明されなければ……という同一化満載の考えを信じていますか？　頑固なアイデンティティを持ち続けることが、あなたのためになるのでしょうか？

人生が提供するどんな体験でも、体験という出来事を終えてしまえば、もう存在しない過去の思考になるだけです。それらを解消し、手放し、関係を断つということも、意識の中の概念で、スピリチュアルな智恵とは関係ありません。ヒーリングや天使、チャクラワーク、教会、宗教、そしてあらゆる儀式は、真実に導きません。それは体験だけを提供します。存在するものはすべて、意識の中の遊びで、体験を探す人たちに対して〝体験〟をもたらします。スピリチュアル、または癒しのワークは、ものごとがどのように機能するかという制限のある考えを、変える役には立ちます。ただそれらは一組の思考を、他の考えに置き換えるだけです。スピリチュアルな智恵は、一瞬にして得ることができます。お金を使う必要はなく、たどり着くところはなく、到達するべき水準もありません。マインドの構成概念や、意識の体験や出来事などにもかかわらず、真我は依然としてそのままです。すべての体験は、ただ、あなたに楽しまれるためにあるのです。伝統的なマインドの進化の順序として、自分より大きなものと繋がりたいと願う「スピリチュアリティ」から、より深い「問いかけ」への移行は、神のイメージやグル、マントラを繰り返すなど外にある対象物に焦点を当てることから始まります。その間は、二元的な見方が優先しています。そこには主体と客体があり、そのため、両方の関係性は分離を信じることで成り立っています。

マインドをトレーニングするにあたり、一つのものに焦点を絞るやり方は、有効な手段です。一つの考えに集中している時、他のものは消滅し、マインドは研ぎすまされます。と同時に、人生のさまざまな側面において、次第に外の客体（対象物）から身を引いていることに気づくでしょう。外にあるものは何も自分を満足させないという理解とともに、注意は主体に留まります。主体とは誰なのか、この「私」とは誰なのかが、すべての中心になります。欲望はマインドの遊びとわかります。この「私」という概念はどこからやってくるのかという質問が生まれ、それは見つけたものと融合し、主体しかないことが明らかになります。そこに二番目はなく、客体はありません。そして主体と客体という概念を超越し、真実として共鳴します。このように、〝神は自分の外にある何か〟という考えは知的創造物で、マインドの遊びにすぎないのです。

神に人格がある限り、人格のある神は自分の外にあることになります。人格のある神は、個人的マインドにより、存在すると信じられています。あなたが自分を肉体として信じている限り、他の人も、その形の通り独立して存在していると認識します。同じように、もし神が形ある存在なら、あなた自身が形あるものと信じていなければなりません。同一化するマインドを超越し、形を超越すれば、すべての本質は同じです。金のブレスレットは、ブレスレットの形をしていますが、金であることに変わりはありません。姿形は必ずしも本質を表していない、同一ではないと悟った時、神のイメージは、神と何も違わないのです。それゆえ神聖さはあらゆるものに宿っています。

顕現も、非顕現も、本質的には同一であり、表現として異なるだけです。完全なる神性が真我です。それは名前も形もありません。真我とは、人格のある神であるという錯覚を持たないでください。真我は完全なるものです。それは名前がなく、形のない神性なるものです。すべてが生まれるところで、その**現実**にすべては融合するのです。あなたの前に実際に現れる人格のある神、聖人、グルでさえ、意識という名前のない、形のないところから出現します。形としての出現は、意識次第です。究極的には、すべての形はそれらが生まれた場所——真我——何にも頼らない完全なるものに戻っていきます。

何があなたを幸福にしますか？　一時的な幸福の体験はすでにお馴染みでしょう。しかし、ある時点で、それは十分ではなくなります。もしあなたが幸福を感じたければ「誰が幸福を感じたいのか？」と問いかけてください。幸福を欲しているのはマインドで、完全であると感じることを望み、完全なる平和と喜びの中で安らぎたいのはマインドです。しかし、マインドはどうやって永続するものを感じるのでしょうか？　永続的な存在は、一度マインドが静かになれば直接的に感じられます。マインドを脇に置くことは、マインドが一度静かにリラックスすれば、それほど難しくありません。一度マインドが静まれば、永続的なものは自然に表れます。なぜなら、それを邪魔する〝誰か〟はどこにもいないからです。マインドだけが、真我の自然な流れの邪魔をします。同様に思考によって邪魔される安らかさは、完全なる安らかさではありません。マインドは真我の直接的な智識に、あなたを導きはしません。完全なるものは、来ては去るものの影響を受けずそのままで、それはどんな状況においても一定で、公平です。

真我に続く決定的な道しるべがあったなら、それは広く知られていたはずです。意識は時間が始まってから、ずっと展開しています。それは時間と空間を背景に存在するようつくられました。意識は、有形・無形にかかわらず、何が展開したかには気にもとめません。そこには心配も、判断も何もありません。創造し得るものはすべて、その正反対の質も含めて、すべての存在の世話をするよう機能しています。意識の中で、すべての思考が生まれます。その間、意識自体は何の影響も受けません。意識は創造の解明を急ぎません。自身を調査するという性質がありますが、そこには、意識を満足させるような結論も答えもありません。意識は決して、それ自体を解き明かすことはできません。それは不可能です。意識のゲームの真実、遊び、創造の戯れを一度理解したら、まわり続ける回転木馬から降りるという選択肢があるのです。

意識は真我から生まれ、真我を片時も離れたことはありません。識別可能なものはすべて、その表れです。形あるものは、真我の本質的要素の表現です。どうしてそこが戻ってくる我が家や、神や源につながる場所になるのでしょうか？　それはすべて概念です。あなたは分離しているという考えや概念は、マインドからのみ生じます。どんな分離の感覚も「私」から生じる構成概念です。分離の体験、それは本当ではありません。それは条件付けられ、学んだ思い込みです。意識の流れには、常に自然の秩序があります。すべては適した時に展開します。

心から引かれるものは何でも試してください。活動の必要性を感じないのなら、何もする必要はありません。結局、あなたは文字通り、食べ物、住まい、着るものだけが必要なのです。体験は続きます。真実を知り、必要な時は自分に思い出させ、今を楽しんでください。あなたは誰かという理解を、スピードアップさせるためにできることは何もありません。人生は、真実を知るための障害にはなりません。あなたが自分のものだと思っている考えは、あなたのものでは全くありません。その所有という考えは、あなたが分離した存在としてあるという思い込みから生まれます。「正しくありたい」「うまくやりたい」「真我にありたい」という考えは、マインドがマインドの仕事——欲望を生み出す——をしているにすぎません。

スピリチュアルな智識が、あなたの内面に花開いていくためには、時間や静寂、特別な条件が必要だという考えは、あまり役に立ちません。思考の質に優劣はありません。これもまた概念です。すべての概念はただ過ぎ去ります。思考をあなたのものとしても、しなくても、それは秩序の遊びに変わりはありません。スピリチュアルな智識の発見は、気晴らしのための新しいプロジェクトではありません。そのようなマインドのゲームを無視し、空《くう》であってください。静かにして、「思考する人」であることをやめるのです。

「自己への問いかけ」は孤独な訓練で、孤独はこの展開の一部だと感じたなら、孤独という概念と体験は、マインドによってつくられると知ってください。真我は孤独に対しての場所を持っていません。何も真我から分離していないのです。真我は間違いを犯さないということを覚えておいてください。しかし、マインドは間違うのです。あなた自身を、体験から影響を受け、出来事に頼っている〝誰か〟と同一化した時にのみ、苦しみはあります。

あなたの存在は至福です。常にそうでした。あなたが静かに安らかであれば、マインドは、注意を引こうとしなくなるでしょう。純粋で静かなマインドにおいて、あなたの真実はただそこにあります。自己への問いかけ、真我の直接経験は、一度も離れたことのない場所へ戻るようなものです。あなたは最初で最後、より前で向こう側です。それがわかれば、この直接的な智識の光は、あなたを誰にも、何にも、どのようなものにもしないことがはっきりします。

effortless **9**

努力を手放す

空《くう》から起こる行動は、愛にあふれています。しかし、〝誰か〟が意識的に愛情の深さを実践しているのではありません。純粋なマインドの中で〝無私に与えること〟は、動機や自己顕示、期待なく起こります。それらの裏には何か特別な考えがあります。そのような思考がなく、エゴがなければ、個人もなく、普遍的な理解がうながされます。そこには与える人もいません。受け取る人もいません。ただ、形の中で動きが起こります。

「個」は概念にすぎないと理解し、その理解に親しんでください。これは多くの唯神論的習慣の中で「個人的な意思を神聖なものへと明け渡し、神の手足となり、神の意志に従う」と表現されています。しかし、この道しるべも知的に理解されるだけで、本当の意味が見落とされています。神の道具となるような個人的な「私」はそこにはいません。なぜなら、そこで二つに分離してしまうからです。「二」は常に苦しみをもたらし、「二」という概念は思考との同一化を生み出します。親切も、人の役に立つ行動も、どんなに動機が純粋であっても、何をするにもそこに〝誰か〟がいる限り課題は必ずあります。これがマインドの性質です。個人はマインドがつくった主観的現実の中にだけ存在します。個人的な「私」の不在を生きることは本当に自然です。「私」を生きることは大変骨が折れます。

　思いやり深い愛を実践しようとする時、結果に何らかの期待があります。行動自体が純粋であっても、マインドは常に見返りを探しています。エゴがない、個が不在の時だけ、「完全なる思いやり」はあなたの形に生まれます。空《くう》から無私で与えることが起こるのです。その場合、思いやりのある行動は全く個人的ではなく、愛なしで実行されることは不可能です。人に親切に、愛情深く接することが〝正しいこと〟だから行動に移すのなら、それは「正しい・正しくない」という思い込みから完全に影響を受けた思考であり、マインドが舵を握っています。

　思考との同一化がなければ、思いやり深い愛、親切、寛大さが生まれ、気遣いや優しさが現れます。自然に流れ過ぎていくものは、後にも先にも、マインドに編集されず、空がある場所は、マインドと関係していません。完全なる空《くう》から与えると、感謝を求めません。

そこには誰もいないように、記憶の中に貸し借りや損得など、何の痕跡も残しません。「私」という感覚を持った個人は、与えることに関わっていません。「良い人でいるべきだ」「人への気遣いは大切だ」という価値感もまた思考にすぎず、その考えが崇高なほど何らかの執着がある傾向があります。価値観というのは、条件付けされた思い込みです。人生のレッスンが何であっても、過去を思考の入れ物として引きずり続ければ、その重みで身動きがとれず、あなたは自由になれません。すべての価値観や行動基準、他人や態度に関する意見や評価は、あなたを罠にはめる概念と判断以外の何ものでもありません。マインドに支配されているものを尊ばないことです。

すべての思考は主観的で、変化しやすく、個人的です。動くものは動くままにしておくのです。興味を注がずに過ぎ去らせてください。それらに注意を払わないことです。そうすれば、あなたの行動は、個人的課題に囚われません。思考のない純粋なマインドでは、人間として自然なものが培われます。愛情深く親切であることは、私たちの本質です。そのような質は無意識のうちに顕現します。マインドが脇に置かれた時、人は親切になります。動機や「正しいことをしろ」と訴える条件付けられた信じ込みなしに、あなたという形を通して、行動は自然に起こります。人類（humankind）が、親切（kind）なことは自然です。空《くう》を通してそのような行動が起こった時、美しい音楽のように最善の秩序が奏でられます。文章では概念しか説明できませんが、それは本当に概念を超越しているのです。

絶対的現実はあなたの肉体の中にはありません。あなたの体が、絶対的現実の中にあるのです。すべての形態は、そうであるものから生まれます。すべての思考もその中から生まれ、思考の同一化もまたそこで起こります。あなたは絶対的現実として、あなたである絶対的現実を外れることはできません。すべてはアイデンティティを誤解することから始まるようです。そして人は我が家を長い間忘れます。「我が家に帰りたい」、それもまた思考です。しかし、この幻を見ている状況は、遅かれ早かれ終わることになっています。人は「自然な状態」のまま生きているか、「個人的な生活」を送っているかにかかわらず、意識の展開の一部に変わりはありません。ただし、個人的なものは、常に不調和を生み出し、不調和は、調和の中でのみ起こります。そういうものなのです。完全なる調和の状態は、全く乱されていません。不調和は、マインドの見方によって現れたのです。思考は巧妙です。そして、本物と信じられた思考は、個人的なストーリーの中にあなたを引き戻します。「私（I）」「私という人物（me）」そして「私のもの（mine）」がある限り、落ち着きの無さがつきまといます。

ここに選択があります。あなたはその動揺を観照し、自分自身をその動揺を「認識するもの」として見ます。どれだけの不安がそこにあるかただ冷静に眺めるのです。あなたは、あなたが観照できるものではないのですから、動揺はあなたではありません。その一方で、個人的な「私」が人生を展開させる責任を持っていて、あなたがそれを生み出していると固く信じているなら、個人的アイデンティティを手放すことは到底無理な話です。その場合、恐れは避けられません。なぜなら、あなたは思考のなすがままだからです。もし個人的なアイデンティティが強ければ、人生に流れる完全な調和を見ることができません。「個人の私」との強い同一化が、あなたの目を曇らせています。マインドは「あなたの人生は不調和の典型的ないい例だ！」と言うかもしれません。このような誘惑的な考えが注意を引こうとしています。

遊びを観照してください。不調和が完全なる調和の中で展開するのを見とどけ、完全なる自由として留まってください。あなたが相対的なものの見方をやめたその時、相対的な〝あなた〟もまた消え失せます。あなたは、理解、感覚や感情、考えや想念の源です。もしあなたが「思考する人」の源であるなら、あなた以外の者のふりをするのはやめるのです。あなたは自分を「思考する人」や、思考と同一視すれば苦しむだけで、馬鹿げています。あなたはそれらのすべてなのです。あなたは顕現するものから分離することはできません。しかし、それらと同一化すれば必ず苦しむことになります。あなたであるものであってください。すべての源でありましょう。もしあなたが考えないならば、「あなたが思っているあなた」は終わります。

「思考する人―私」はいつも、感覚や体験を探そうと動き回っています。あなたが自分を「私」と同一化している限り、顕現の中からいちばんいいものを得ようとするでしょう。最高のものを人生から得ようとし、最高の見返りを求めようとするでしょう。あなたが必要だと思う何かをくれる誰かから、何かを絶え間なく探します。あなたが必要だと思うものを手に入れれば、人生からより多くの恵みを得られるという考えが基本にある限り、このサイクルに解決はありません。思考とはこういうもので、思考自体が問題ではないにせよ、このサイクルはあなたを決して満足させないことを、はじめから認識する必要があります。欲しがりで欲張りなマインドの性質は、個人的な「私」を取り巻く、終わりのない流転を繰り返します。あなたはこのメリーゴーランドから降り、真我に留まることができるのです。「あなたという考え」に解決策はないとわかれば、マインドのストーリーに「それからずっと、幸せに暮らしましたとさ」という結末はないとわかるでしょう。

そして、完全で完璧な幸福が「あなたが思っていたあなた」の死によって生まれます。もしあなたが、マインドの循環する性質を見抜くことができたら、個人的なドラマは終わります。さらに、マインドの循環は決して終わらないことがわかった時、あなたはそのサイクルから外れています。「私」は消滅したのです。「あなたが思っていたあなた」の最期です。相対的な見方の終わりは、相対的な「私」の終わりを意味します。

あなたであるものを維持するために必要な思考は、ただの一つもありません。あなたをあなた以上にする言葉はありませんし、しなければならないこともありません。損なわせるものは何もありません。ただ、あなたの自分自身に対する考えだけが、イメージとして顕現し、いつも激しく変化しています。何もあなたを維持せず、影響も与えません。あなたに手を出せるものは誰もいませんし、何もありません。あなたはすべてを超越した存在です。どんな状況や事情においても、自分自身を正当化するために、エネルギーを使う必要はありません。あなたに影響を及ぼすものは何もないからです。自己防衛に投資された肉体的、知的エネルギーは、単なる意識の動き、その機能の一部です。「私は在る」の中では、測り知れないほどの安堵とリラクゼーションとともに、防衛のエネルギーをいつでも手放すことができます。絶対的現実がいつもここにあります。思考との同一化を通して個人が活動している時、相対的な現実が体験されます。思考が乗っ取り、認識は主観的になり、錯覚を見ます。この相対的な現実が、存在の不安をつくり出すのです。

この地球規模ともいえる大きな混乱は「私」「私という人物」という考えに起因しています。一般的な「現実の世界に生きる」というフレーズは、休むことを知らない思考の世界、実際は非現実の世界のことを述べています。絶対的現実は直接的に経験されるだけで、完全に説明することはできません。意識が続けて展開される限り、一人ひとり、すべての人が、絶対的現実について悟るようになるでしょう。

観照する時間より、思考との同一化のほうが少ないというバランスを保つために、はじめは努力が必要です。その努力とは、あなたの注意が観照者である「私は在る」にあるかどうかを思い出すことです。思考と同一化する習慣を破らなくてはならないからです。マインドは、これまでずっと自由に君臨してきたので、再訓練が必要です。ただし、マインドはマインドを再トレーニングできませんが、そうしようと試みます。マインドは、欲望を満たそうと外に向かいます。欲望の起原と役割を理解すると、マインドは内面に向き始めるでしょう。肉体的にも、精神的にも、静かに落ち着かせてください。ものに対する欲望や、結果に対する執着がなければ、あらん限りの愛と幸福を感じられます。あなたが外を見るのをやめ、真実以外何も望まなくなった時、外に向かってフォーカスされたマインドも、内面に向けられたものも、同等だということに気づきます。違いを見ることは何であれ、マインドの概念的構造です。内面に向けられたマインドも、外に関心があるマインドも、両方その存在を終えます。そして、そうであるものと、そこから生まれる顕現だけになります。

あらゆるスピリチュアルな実践は、あなた自身が変わり、何かをする必要があるのだという感覚からはじまります。これは通常、「一生懸命ワークすることは良いことだ」という倫理に支えられています。これには、私は努力をしてスピリチュアルな実践をしている人だという感覚がいつも伴います。体とマインドとの同一化もまた常にあります。

ぜひお勧めしたいスピリチュアルな実践とは、「誰が実践しているのか？」と自分に問うことです。その実践に没頭しているのが誰かを見つけるのです。〝あなたがしている〟という感覚がそこにある限り、どんな高尚な理由があっても、報酬を探していることになります。エゴは生きながらえようとし、その行動の動機は自己中心的です。もし他の人から認めてもらおうとしなければ、神からの承認を得ようとするでしょう。それがエゴの遊びです。瞑想やスピリチュアルな実践は、昔からの習慣を取り除く助けにはなりますが、あなたを自由へは導きません。もしそうなら、自由を得るには修練が必要ということになります。しかし、そうではありません。努力に関する概念も、修練の習慣も、最終的には取り除かなければなりません。自由はすでにここにあります。そして、すでにここにあるものは、何も必要としません。「私は自由ではない」という考えが、努力を生じさせるのです。

スピリチュアルな実践を通して得られる最高の到達は「私は在る」を「私は在る」として実際に経験することです。そこでは同一化のない状態が育まれ、安らかさと自然のよろこび、それに伴う思考と個人との同一化からの解放があります。

さらに、スピリチュアルな実践に没頭しているという考えも手放さなくてはなりません。なぜなら「私は在る」では、体験と思考との同一化の可能性はなくなったわけではありません。自分を〝する人〟であると信じることは、あなたの体とマインドの機能との同一化から生まれる思考の結果です。スピリチュアルな実践に励む人は、正しいと思うこと、適切であると思うことを、宇宙の展開の前に並べ立て、何かを得ようと試みます。選択に関する崇高な概念を手放し、顕現の神性なる秩序に気がついてください。「在ること」の安らかさは、自然な流れによって運ばれていることが簡単にわかります。すべてはあなたが努力して助けようとしなくても展開します。もし思考が挑戦してきたら、それが何であるかに気がつきましょう。判断や好みのない、距離を置いた観照者でありましょう。この自然の状態において、あなたは何も操作していません。そしてすべての出来事に対し、喜びに満ちた中立さを楽しむのです。

欲望は満足させられることも、させられないこともあります。どちらの可能性も予想した方が賢明です。ものごとは起こるかもしれないし、起こらないかもしれません。そこに欲望の問題は終わりを見ます。欲望を追い求めれば、最終的には痛みにたどりつきます。愛を欲することでさえ、最終的には悲しみと喪失にたどり着くでしょう。愛も悲しみも超越してください。同等に受け入れるのです。このような不安定な二元性は、生の顕現としてただ理解するのです。欲望はマインドのいちばんの汚染物質です。欲望を放棄すれば、顕現の間を自由に歩くことができます。ありとあらゆる体験の下で、安らぎはそのままです。どんな体験も、あなたであるものにインパクトを与えられないと、体験自体に認識させましょう。

エゴイスティックな「個人」において、すべての体験は喜びと痛みの両極端が満載です。そして常に混乱が伴います。マインドにとっていちばん没頭しやすい活動は、セックスのはずです。そのいちばん激しい瞬間でさえも、あなたの体、感情、化学反応がこの体験を享受しているさまを観照できます。と同時にマインドは、完全なる空の中で、静かに休息することができるのです。この例は、観照を始めるにあたり、あまり適切とは言えませんが、核心を突いています。いつも、どんな状況にもかかわらず、注意を観照者に向けることができるのです。これが自動的にできれば、自分に思い出させる努力が必要なくなります。あなたがどこにいても、何をしていても、観照できるのです。これをプロジェクトにしたり、「すること」に加えたりしては本末転倒です。努力はいりません。自分がすでにそうであるものになるために、「何かワークをしなければいけない」などという考えを信じて、自分を欺かないことです。努力なしに、あなたはそれなのです。静かに観照したまま、どのようなマインドの抵抗が起こるかみてみましょう。思考はあなたの自然の状態である、根本的な安らかさの邪魔をできません。

マインドを完全に混乱させましょう。思考レベルの活動は重要ではありません。ただ、思考のストーリーの中で、あなたの注意を怠ってはいけません。そうすれば、思考は静かに引いていきます。あなたは，そのすべてを見ているものです。それに気がつけば、安らかさが優先します。完全なるあなたであるために、マインドが行儀よくふるまう必要はないのです。マインドは自らの失脚を支えられませんが、そのじたばたもがきを無視すれば、混乱は自然に過ぎていきます。身に付けるべき態度はなく、秘訣もありません。すべては認識の中に展開し、努力を必要としない認識が、あなたの助けを借りずに展開します。内面の調整が起こり、調和が自然に生まれてきます。「この状態になりたい!」という気持ちが起きたら、それは思考と結びついた証拠です。思考の関わりを断つのです。そして、「関係を持たないこと」を、何かしなければならないことにしないように!

マインドは狂気が大好きです。常に没頭する何かを探しています。何をしようか、そして、何をしないでおこうか、その後何をしようか。「そして何……、そして何……」という考えにとり憑かれています。何をしようかという思考は、誘惑的です。何もしないことは、何かをするよりも難しいのです。自分自身を重労働や修練に追い込んだり、締め切りをつくったりすることは、静かに座っていることよりも簡単です。マインドは活動が好きです。「する者」つまりエゴは、自らが作ったルールに従って行動したがります。あなたがするべきだと思うから〝する〟、自分や他人を幸せにするから、期待されていると思うから〝やる〟、という考えは手放さなければなりません。これらの衝動的な感覚は、コントロールしたいという欲望から生まれ、他のことが起こるのを妨げるよう働きます。これらの恐れを観照し、起こることすべてにオープンになりましょう。

恐れはほとんどの場合、この時点で発生します。あなたのマインドは、真実から逃れるために、大きな恐れをつくり出すのです。マインドは解雇されたくありません。あなたを管理する代わりに、奉仕するのは嫌なのです。完全なる真我を悟るまさにその時、恐れが現れると予想してください。何についての恐れかというのはあまり重要ではありません。すべての恐れは、条件付けにより成立している、使い道のないゴミのようなものです。しかし、特定の考えには、多くの敬意と注意が注がれています。その一つが真実らしく説得力をもって示されると、あなたは全力でそれを敬い、同意し、信じてしまうのです。執拗な考えや恐れと同一化し、一体になった時には、恐れを見ることができず、客観性が失われます。それを知った上で、悪くなるだけならせてみましょう。起こるべきことを起こらせ、マインドが何をあなたに投げつけてくるか、心を開いて見てみましょう。マインドは脅しや、ありとあらゆる考えを矢継ぎ早に提示します。ずる賢くもありますが、その空威張りが過ぎ去れば、混乱した思考の動き以外、何の力もないことがわかります。あなたは思考と同一化することもできれば、しないこともできます。思考と同一化しなければ、マインドは、あなたを束縛しておける他の方法を持っていません。

大きな恐れがやってきた時でさえ、内なる場所でその恐れを見ているものは、恐れていません。もし恐れを観照できれば、あなたは感情の犠牲者を演じてはいません。あなたの注意を、恐れを見ているものに向けてください。この客観的な見方では、恐れという思考はもはや、蝶々（無害なものの象徴）という思考と同じように意味がありません。観照し続け、その恐れのない、変わらない、反応しない、乱されないものであってください。

恐れは来ては去ります。あなたが執着しなければ、ただ過ぎ去ります。恐れに力を与えるたった一つのもの、それは、あなたの注目です。努力はいりません。あなたが努力を必要とするなら、思考に注意が向けられています。感情や感覚をコントロールする必要はありません。ただよく観察するのです。展開するものをただ展開させ、起こるべきことを起こらせ、この展開にただ気づくものでいましょう。

究極の〝見るもの〟は展開しません。あなたは**それ**です。あなたであるものは、すべての感覚が生まれる以前にあります。通過するものをそのまま通過させることはシンプルで自然です。あなたの注意を、ここにある動かない何かに向けるのです。すべての動きの背景には、「無」があります。もし、「無」を体験として感じるなら、マインドが活動し、ただちに「無」を「恐れ」と置き換えるでしょう。これは「無に感じる」ということではなく、「無で在る」ということです。それであろうと試みることはできません。あなたはすでにそれなのです。「無」へ続く道を思考錯誤しても、その道は結局マインドに続くことになります。

ここにある黄金の鍵は、努力を手放すことです。とにかく、何のテクニックも行動も必要ありません。どんなにそれが本物であるかのように現れても、マインドの動画のスイッチを切るのです。積極的に考えることをやめ、その変わらないものに深く沈んでいきましょう。これは「しなければいけないこと」ではありません。努力のいらないそのままの「自然の状態」を意識の中に受け入れるのです。努力を明け渡し、すべてを観照するものであることです。そして、究極の視覚の源へ行くのです。そこに在り、そこで休むのです。なんて自然なのでしょう。

マインドは何でも分類し、状況をつくることが好きです。たとえば、あなたの仕事場はどうですか？　同僚や上司とのゲームのような人間関係は終わりましたか？　公平に物事を見られるようにしっかりと注意して、マインドの罠にはまらないようにしたいものです（もし、あなたが観照できないならば、それは頭にケガをした時や、倒れた時、薬の影響など、何かが〝意識的になれる〟能力を邪魔した時です）。一度、仕事場において自分たちを役割と同一化しなくなり、個人的な課題が取り除かれると、同僚から自然に距離をおき、超然としていられるようになります。と同時にパワーゲームや、いつも人から賛同を求める態度など、人間関係のゲームがどのように演じられていくのか、新しい理解が生まれます。これは、自己探究というスピリチュアルな洞察ではなく、自己啓発と言われる、まだエゴを研いでいく領域での気づきですが、偏りのない見方を学ぶ上で大切な一歩と言えるかもしれません。はじめは、それを「自然な状態」と誤解することがあります。ただし、人間関係を観察し、その中のゲームに気づくこともまた、個人的アイデンティティの一部です。それは、たくさんの判断と意見を搭載したマインドの活動です。この例では、認識者もまた、ストーリーの一部、つまりエゴにあるからです。あなたが、反応や行動を観察しては判断し、納得し、新しい理解を得ている……これは自己探究ではなく、本当の自分に対する洞察ではありません。これは単に、マインドが分析に没頭しているだけです。

〝見ているものを見るもの〟になるのです。監視人にならないように注意してください。あなたは監視人を見るものです。見るものを見ることは心やすらかで素晴らしいもので、努力の必要のない「自然な状態」です。あなたの内なる何か、あなたである何かは、変化、行動、満足を必要としません。決して判断せず、実践さえ求めません。それは調和し、選択のない完全なる自由を楽しんでいます。

マインドは選ぶ、マインドは認める、マインドは奉仕する――マインドはルールをすり替えてゲームをしようとします。しかし、マインドは、管理が難しい大きな機能を持っていません。マインドの機能は、あなたが「体験できるようにする」ことです。ですから、感覚などの体の機能と同じように、支配されるのではなく、役に立てましょう。自然の状態である努力を必要としない中立さの中で、すべての疑い、恐れ、不安は消え去ります。このような感覚は、あなたに奉仕するためだけに戻ってきます。理解が起こるにまかせてください。あなたが考えて理解しようとする必要はありません。自然な結果をもたらす、最終的な体験はありません。「どのように」真我に留まるかという質問はありません。これは「どうすれば人間になれますか？」と聞くようなものです。

人間の本質を手に入れるために、何も努力は必要ありません。マインドは自らすすんで真我に在ろうとこの大役を引き受けようとしますが、仕事はありません。あなたはすでに真我なのです。あなたは以上になるために、することは何もありません。あなたは絶対なるものと同義です。あなたは、あなたのパーソナリティ、あなたが「私」と呼んでいる存在ではありません。それが理解できれば、マインドの執拗な支配から自由であるという素晴らしい内なる理解が生まれます。あなたは、概念の以前にあるものです。ですから、始まりも終わりもありません。あなたはそうであるもので、いつもそうでした。生まれたものはすべて朽ちていきます。生まれ出ずるすべての行動も、あらゆる感覚も感情も、いかなる思考も、絶対なる真我という基盤の上に立っています。そして、絶対なる真我が、真我でない瞬間はありません。

エゴが活動を司る時、完全なるものは、個人的な「する者である私」という形に演じられます。濃密な同一化からの行動には、すべてに値札がついています。そこで起きているのは、活発に演じられたパーソナリティが「私がそれをやっている」という考えを、完全なるものの静寂に押しつけているのです。絶対なるものは忙しくありません。無と喜びの中の「活動のないもの」です。「活動」の概念もまた、絶対なるものから生まれます。そして、「個人的な私」が大きければ大きいほど、あなたは活動に没頭するでしょう。

あなたが、自分は「する者」であるという考えに固執するなら、また迷うでしょう。さらに、絶対なる流れに乱れをもたらします。すべての活動がどこから生まれるのか本当に理解し、確認すれば、それは活動のないものから生まれることがわかります。活動を超えた場所には、永遠の解放があります。この状態から〝することの好きな人〟という同一化へと、動かないでください。今、すべての行動は単純に、純粋に、あなたの形を通して起こり、個人的な記憶として記録されません。あなたのせいで世界に問題が起こるわけではないのです。

nothing is ***10***

無であること

絶対なるものがあなたから分離することは絶対にありません。すべては絶対なるものから来て、絶対なるものとして在り、絶対なるものに還っていきます。いかなる有形・無形の表現が現れても、すべては絶対なるもののまま在ります。あなたの人格は、人格を超えたものの表現です。人格は、絶対なるものと同一ではないという幻想です。幻想を手放せば、絶対なるものだけが残ります。分離はありません。

人格という考えを持たないでください。そこに残されたものから何かが自然に現れます。すべての顕現は絶対なるものの中から現れ、それは、生まれ出づる力により動かされます。しかし絶対なるものは創造主ではありません。絶対なるものは決して行動せず、欲望や意志もありません。**絶対なるもの**という言葉は意識のなかで表現される時、概念になります。

それは内在的現実《リアリティ》と同意語で、真我を悟るとともに見出されます。「私は在る」の状態は、来ては去るものの一部です。あなたに物質的な体がある限り、その存在は残ります（例外はありません）。あなたが思考を捨て、エゴを超越している間「私は在る」はあります。それはエゴとの同一化のない、直観で認識された「私という感覚」です。この「私という感覚」として表現されるものは、人間の機能として有効です。深い眠りの中で、「私は在る」は存在せず、そして、生命による肉体のサポートが止まれば、それは必要ありません。肉体的な死のあと、思考との同一化が残っていれば、本当のこととして信じられていた信条は、また別の状態を存在として発生させ、体験を継続させます。ゆえに、あなたが何を信じているかによって、意識・無意識にかかわらず、他の次元（死後の世界）や、輪廻転生の中で体験は続きます。しかしながら、その基本となる考え――次の次元、または体験が、私の欲しい幸福をもたらす――はいつも同じです。これは依存で、実際には全く何も起こっていない間、意識の中で長く続くこともあります。真我は変わらずに在り続けます。このサイクルは、思考との同一化が完全に消え、そして、真我ただ一つが存在することを理解するまで続きます。思考という幻以外、外にあるものは何もありません。

肉体には誕生と死のサイクルがつきものです。そして、自分を体だと信じている限り、重要性を持ち続けます。あなたが体という幻想から、マインドとの同一化から自由であると気がついた時、死はないことを悟ります。死は、肉体的な形にのみ適応されます。真我に気づくことで、あなたの無垢な肉体は、あなたという存在にとって重要ではなくなります。あなたはすべてで、あなたでない場所はなく、あなたは時間に支配されていません。マインドは、形や名前など、あなたとは違うもので認識します。これはマインドの誤用です。今まで何もあなたに起こったことはありません。絶対なる真我が形を通して遊んでいる――それがあなたです。一度も生まれたことがなく、死ぬことはできない――それがあなたです。死と誕生のサイクルは、エゴ、マインドの装置です。エゴが活動と関係する限り、『生まれながらの自由』というフレーズをそのまま理解します。しかしあなたは決して生まれていません。何も得るものはなく、あなたは自由でも不自由でもありません。あなたは、これらをすべて超越した「自由」という概念の向う側にある存在です。エゴが手放された時、この生と死のサイクルはやがて終わります。

あなたは真我で、真我は真我以外のものは何も知りません。真我から、最初の直観的思考「私」または「私は在る」が生まれる中、真我は完全なる静寂のまま在り、不変です。

もし、この源となる考えに問いかけをするなら「私」は存在しないことを発見するでしょう。そのことにすでに気がついているのなら、間違っているとわかっているものに、なぜ欺かれ続けなければいけないのでしょうか。

真我を忘れると、創造の喜びを堪能できるといいます。真我が忘れられ、または、忘れられたように思えるのは、遊びのためであり、お祝いのようなものです。創造は継続して意識の中で展開します。それは現実で、同時に現実ではありません。世界とその形態すべては、何もない絶対なるものから来ています。思考を通して、現実でないものを現実としているのです。真実のなかで、創造はありませんし、体験するものもいません。ただ、経験があり、体験する誰かがいるように現れます。これはマインドにとっては矛盾であり、つじつまが合いません。なぜなら、識別のないところに主体と客体の違いはないからです。世界とマインドは一緒に遊びます。世界はマインドからのみ、その姿を借ります。世界はマインドから独立して存在できないということは、世界はマインド以外の何だというのでしょう？　つまり、あなたが世界をどう見ているかは、あなたが自分をどう見ているかです。世界に問題はありません。あなたが自分自身に持っている考えに問題があります。それゆえ、あなたの世界観は間違った情報をもとに信じられています。

すべての物質的形態は、思考からその存在を与えられ、相対性により、すべての顕現は支持されています。世界はエゴの基盤としてつくられました。それは感覚により認識され、名前を付けられた対象物から成り立っています。そして、問いかけは、エゴは存在しないことも明らかにします。従って、エゴに基づいていたものもすべて存在しません。しかし、マインドが想像上のものと結びついている限り、創造は続きます。すべての顕現は、あなたによって創造され、マインドを超越したあなたによって破壊されます。マインドと世界、両者とも、**不動の現実**の中で生まれ、朽ちていきます。真我について概念を作らないことです。概念を超越したそれへと導くために、道しるべだけがあります。それとあなたの間に距離はありません。マインドは真我は物質的に存在し、いつか到達できると、達成することができると思います。それゆえ、内在的ではありません。

そのような概念を捨て、休むのです。静かに落ち着いて、忍耐強くあってください。あなたしかいません。あなたと、あなたとの間に、どうして距離ができるのでしょう？ たくさんの考えがあなたであるものから生まれ、ストーリーとなり、アイデンティティを形成します。あなたはそれをあなただと思い込んでいるのです。その間違いが痛みの原因です。あなた自身の思考以外に、あなたの足を引っ張るものはありません。人生の出来事は、マインドがどのように作動するかを学ぶ機会を与えてくれます。楽天的に、前向きにそのチャンスを楽しむことができたなら、恐れるものは何もありません。あなたの恐れているものはただの思考にすぎないと確認してください。形のない目撃者のままでいるのです。あなたが今まで恐れていたものは、それが現実だと信じた思考にすぎません。あなたが「そうだ」と思い、信じていることは、想像の産物にすぎません。マインドの存在を受け入れるのなら、それをコントロールし、管理したいと思うかもしれませんが、これもまた、マインドがマインドをコントロールしようとしているのです。マインドが本当に存在するかどうかを確かめたければ、「自己への問いかけ」をしてください。マインドは存在しないことがわかるでしょう。マインド自体ただの思考です。この発見はあなたを自由にするでしょう。

絶対なるもの、真我のみが存在します。外にあるものは何もありません。外に何かがあるという考えを、ただ捨ててください。絶対なるものは不滅で、属性はありません。絶対なるものは純粋な存在です。純粋な智識、純粋な意識、純粋な美、純粋な幸福です。純粋な停止、純粋な静寂、純粋な喜び、純粋な至福です。質はありませんが、その実体は、実体という概念を超越しています。絶対なるものは**究極の現実**です。これは現象として体験することはできません。あなたであるものに入ったり出たりすることはできません。しかし、あなたが完全無欠の存在であるという内なる確認と深い理解は、紛れもないものです。内面に問いかけ、自分自身で実証するのです。

絶対なるものは、何に注意を注ぎ、焦点を当てるか決めません。意図や目的はありません。何を体験すべきか自分で決めていたという幻想を持ったことはありませんか？　一度本当のことがわかれば、あるがままに対する明け渡しのような感覚があります。この自然に力の抜けた状態は、抵抗のない純粋な開放感から生まれます。もしあなたが、自分の行動や体験をコントロールできると思うなら、あなたがしていることは「私という人物(me)」や、「私のもの(mine)」を強化するストーリーを集めているだけです。あなたの認識や体験は、どんな違いをつくり出すのでしょう？　それらを変えられると思っているのなら、それは思考です。エゴだけが意図や目的について気にします。何もコントロールできないことを喜んでください。それを深く理解したら、制限を自分に課すことはないでしょう。そして、それを乗り越えようと無駄にあがくこともないでしょう。

エゴを無視すれば、あなたは自由です。何も必要ありません。理屈はありません。同一化に関係しなければ、あとは簡単です。何も新しく得るものはなく、達成されるべきものもありません。傾向、習慣、制限は、すべて現実のように間違って思い込まれた思考です。それらを超越する必要さえありません。あなたの不幸を、人生の出来事のせいにして得られることがあるのでしょうか？　これは誤った考え方の遊びです。すべての現象は来ては去ります。絶対なるものは決して影響を受けません。そして救済は永遠であり、マインドは作り話以外の何物でもありません。内なるものにたずねてください。起原となる思考の根まで降りて、そこにいるのです。自然な状態の中では、違いに気づくということがありません。世界は神として、それが真実であることを証明します。何もあなたから分離していません。あなたのまわりに見ているものは、すべてあなたです。世界は天国として、あなたの中にあります。絶対なるものの中では、安らかさと喜びが感じられます。この、いちばん自然な状態には、完全性と全体性があります。これを体験にしないでください。もしそうするのなら、体験が活性化した人の同一化として過ぎ去ります。

安らかさと喜びは自然です。それがあなたです。体験している人が体験している主観的でエゴイスティックな見方がなければ、それが本当なのです。自然な状態の中で、すべての体の感覚機能は普通に機能し、現象の世界は観照され、そして、活動も通常通り展開します。真我そのものである不変の安らぎと幸福から、過ぎ去るものすべてを観照することができます。一時的だということが完全に理解されても、悦《よろこ》びと肉体的苦痛はあります。これは生の一部で、どのような状態に対しても執着はなく、好みもありません。毎日の活動が繰り広げられる中で、同一化はなく、判断もありません。自然な状態は、ラベル貼りや現象、結果に興味がありません。出来事に名前をつけることも消えてなくなります。ですから、出来事はありません。そして、何も起こらないということになります。

自然な状態は空《くう》です。常に変化する「ネーミング」というマインドの適用を用いず、動きはただ現れます。そこには、何も起こっていないという完全なる明白さがあります。エゴイスティックな個人的私のない空からの「直観的な私」が、その日ごとに機能します。どんな状況においても、「私は何をすべきか？」とたずねる思考は生まれません。マインドは責任について心配しますが、必要なことは何らかの形で、すべて対処されます。

空から生まれ出る活動は、「する人」との同一化が満載の場所から行われるより効率的です。自然の状態の中で「人」という認識はなく、それは生命力、真我、源、神、絶対なるものとして認識され、すべての活動を演じています。その生命力があなたであり、それ以外の何ものでもありません。それは来るもの、去るものをはっきりと自然の状態から観照しています。それは動きとして現れ、出来事として起こります。もし宇宙の流れが、あなたという形を通して、重要な何かの展開を指示するのであれば、あなたはそれに対応するでしょう。物事の秩序が、地域の、またはグローバルな変化を起こしたいと燃えるような衝動を心の中に起こすなら、その衝動に従うでしょう。マインドのない静寂に在り、活動へ突き動かされることがなければ、活動は起こりません。いかなる活動においても、参加しているという感覚も、参加していないという感覚もありません。

すべてのものに名前はなく、すべての動きは純粋な空《くう》から起こります。マインドは存在せず、することに没頭している人がいなければ、個人的課題は活動に付いてきません。活動・無活動にかかわらず、あなたは意識が顕在化した表現、つまり無私の奉仕にならざるを得ません。期待や欲した特定の結果などはこの時点で存在しないのです。笑いも、怒りも、素晴らしい行為も、恐ろしい暴力も、みな意識が演じていることに気づいたら、あなたはその目撃者です。あなたは自由です。マインドは楽々と「私は在る」から、本来あるべき状態へ滑り込み、思考との同一化は起こりません。そして、あなたは空へと戻ります。

創造の中で起こり得るすべての解放もまた、単に、個人的な私を溶かす意識の遊びです。一度それを理解したら、この解放は、失われたり奪われたりせず、不動のものとなります。時間というものがあるなかで、内なる場所にしっかりと根付きます。直観的に、あなたは変化のない静けさ、絶対なるものであることがわかります。その動いているもの、変化しているものが、あなたであるはずがありません。しかし姿は生まれ、時間と空間の中に朽ちていきます。何が生まれようと、それに気づくためには、それより先行している必要があります。この自然の状態から、すべては簡単に認識され、積極的に監視されたりしません。あなたの気づきは今、ここにあります。あなたであるものは在り、それに何も起こる必要はありません。

絶対なるものは、決して絶対なるものを失ったことはありません。絶対なるものは決して思考によって創造されるストーリーの一部にはなれません。あなたの本質は、想像上のドラマに関係していません。真我であることを忘れたために、それ以下になることはできませんし、自然の状態を覚えていることで、それ以上になることもできません。真我の忘却は起こり「忘れてしまった」と思えば、あなたは苦しむでしょう。これは意識の中で起こります。絶対なるものは、絶対なるあなたであるために、あなたが覚えていなければならない何かではありません。苦しみは「真我を忘れてしまった」という思考を信じることから起こります。何があっても、あなたであるものに近づいたり、遠ざかったりすることはできません。すべては想像にすぎないのです。

あなたは、失われるようなものではありません。それゆえ、あなたであるものを体験を通して得ることはできません。あなたの本質は、自分をどう体験するかに頼っていません。逆説的にいえば、自分を憎んでも、愛しても、さまざまな方法で自分を体験していいのです。あなたの本質にとって、これはあまり重要ではなく、これに頼っていません。体験できることはすべて、あなたという考えが体験者となり、自分自身を体験しているのです。あなたであるもの以外のものを欲すれば、必ず苦しみます。すべての取り組みは、体験するものの存在を強固にし、分離を体験することになります。あなたの本質は、そうであるために気づく必要はなく、気づいてもらう必要もありません。真我は、至福の幸福であるために、それ自体に気がつく必要がないのです。

何も必要としない、純粋な気づきであってください。意識は、より偉大なビジョンも、好ましくない騒動も、好き嫌いなく生み出します。すべての遊びを受け入れ、目撃するのです。何もあなたを縛れません。この静けさの中で、敵はなく、執着はなく、主観的な思考や判断もありません。宇宙が、ただあなたを通りすぎるのです。それだけが、あなたを動かす力であることを受け入れるのです。

この本の中で語られていることが明確になり、何かに近づいてきていると感じているなら、巧妙なマインドの働きに惑わされています。何かに到達しなければいけないと思うなら、その前に、自分が真我ではないと信じなければなりません。あなたが真我を忘れてしまったと思う時、主体の視点から客体を見、名前をつけます。

真我として在りましょう。そうすれば客体の世界は見えません。主体だけしかありません。ここで提示している概念は、明確になる必要のない、到達する必要のないものへの指標でしかありません。そのものであるあなた自身にさえ、そうであるために理解される必要はないのです。今ここで、自然の状態に在りましょう。もしそれができないのなら、すべて一緒に忘れてしまったほうがいいでしょう。今以外の時間や場所の方が、自然な状態を助けるのではという思いがあるなら、それもマインドから来ています。その考えがまた新しい思い込みを作り、現実として顕現します。

あなたが旅するべき旅路はありません。エゴから真我へと、シフトさせる必要はありません。それは二つを必要とし、それゆえただの思考にすぎません。好奇心は助けになりません。あなたの心から自然な欲望が生まれ、それが真実を知りたいという切迫した願いとなり、抵抗の遊びは終わり、真我が力強く輝き始めます。

幸福は真我そのものです。真我に深く在る時見い出されるものは、終わることのない純粋な幸福です。マインドが真我と統合した時、満ち足りた完結だけがあります。それが至福の状態です。深い眠りの中で無意識に楽しまれた至福は、真我に在ることで意識的に楽しむことができます。真我の表現は愛です。そして、真我の顕現は存在における恩恵として表れます。真我は恩恵です。それを他の人々や物から手に入れようと思うのはおかしなことです。それはあなたです。恩恵は、思考との同一化がある場合、顕現しません。しかし、マインドが真我に融合すれば、恩恵の力が溢れ出します。

この本が提供できるのは、道しるべと知的な見解です。目的地を知るためには、道しるべを見るのをやめ、指し示されているものに意識を向けなければなりません。ここで提供されているものは、概念に縮小されています。概念は脇に置いていかなければなりません。スピリチュアルな智恵は、直接的に経験されなければなりません。読んだり、話したりするのはやめて、真実を具体化する時です。知性がすることは、違いを査定することですが、どのように真我を査定するのですか？　空《そら》を調べる方が簡単です。何が現実で、何が現実でないかに、気を惑わされてはいけません。このような概念を超越する時です。エゴやマインドは、真実について話すことが好きです。これも混乱の一つで、真我に在ることを避ける行為です。静寂に在り、意識的に真我に融合するのです。真我が具体的に表現されたものであってください。

　そして、偉大な力は、安らぎ、喜び、調和を発し、愛があなたの存在そのものを取り囲みます。これが人類に対する最高の贈り物です。私の言葉を鵜呑みにせず、あなた自身で証明するのです。

訳者あとがき

ジャックとの出合いは二〇〇九年の秋、スコットランドにて。友人にノン・デュアリズムの先生を呼びたいから手伝って欲しいと頼まれたのがきっかけでした。友人宅に現れたジャックは、気さくでユーモアたっぷりの女性で「本当にこの人が目覚めた人なのだろうか」と思ったことを覚えています。しかし、一度サットサンが始まるやいなや、その明晰さにあふれた叡智と、妥協のなさ、深い愛に、私は心を強く打たれました。その後、私たちのコミュニティでも年に一回、定期的にリトリートを行うようになりました。

あるリトリートでジャックは、いわゆる「そこには誰もいない」「選択はない」などのアドヴァイタの概念を個人的な問題や世界を否定する口実に使わないよう、マインドが使うトリックを「残酷なまでの正直さ」でみつめるようにと言っていたのが心に残っています。

探求を始めた初心者向けに書かれたという本書は、マインドがどのように働くのか、そもそも人間の苦しみの原因は何なのかについて繰り返し述べられています。また、読むたびに違う発見があったり、新たな問いが芽生えたり、その時の意識によって見えてくるものが違う、玉ねぎのような本と言えるかも知れません。

本書を訳すにあたり悩んだのはSelfをどう訳すかです。セルフとカタカナ、自己を太字で……。概念化されやすいこの言葉ですが、結局誤解を避けるため、一般的な真我に落ち着きました。もしピンと来なければ、究極の自己を表すお好みの言葉を入れてください。

「真実」に関する情報に、誰もがアクセスできるようになった今、自分が本当は誰なのかをチラリと垣間見ることは、あまり難しくはなくなったのかもしれません。だからこそ、適切な指標が、何よりも大切なのではないでしょうか。この本が、探求するあなたの道しるべとなることを心から願っています。

最後に、この本の出版の機会を与えてくださった、ナチュラルスピリット社の今井博央希社長、編集の杉田巳樹子さん、ＤＴＰの大崎恵さんに心から感謝いたします。

二〇一五年五月

五十嵐香緒里

著者

ジャック・オキーフ　Jac O'Keeffe

南アイルランド生まれ。80年代に神学を学び、神にすっかり幻滅。その後大人の教育や、音楽を通じたコミュニティ・ディベロップメントの分野でキャリアを重ねる。30歳の頃、突然の第6感の目覚めにより、人生は劇的に変化。ヒーリング・ワークが瞬く間に仕事の中心となり、プライベートセッションや、リトリートなどを行う。その中で、クライアントの鬱《うつ》をスピリチュアルな目覚めと捉えたホリスティック・プログラムを開発。その後アイルランドを離れインドへ。彼女の探求は結果的に二元的思考の超越へと導かれることになる。現在は夫とともにアメリカに住むジャックは、フランス、カナダなど、世界中でサットサンを行っている。また、2012年にはweb上の会員制バーチャル・サットサン・コミュニティーFliHiを設立し、ビデオによる講話の配信や、質疑応答に答えるなど、サットサン同様のサポートをメンバーに対し行っている（英語のみ）。「毎日のスピリチュアル・プラクティス」「私は誰か？— 誤解されたアイデンティティ」2種類のアプリが日本語で登場予定。

http://www.jac-okeeffe.com

訳者

五十嵐香緒里　Kaori Igarashi

武蔵野美術短期大学卒。広告、マーケティング会社にてコピーライティング、編集などの仕事を経て、2002年に渡英。フィンドホーン財団にて10年間勤務。その間にノン・デュアリズムに出会う。現在は日本に帰国し、翻訳はじめ、会の開催やUK時代に学んださまざまなワークを行う。

http://www.kaoriigarashi.com/

生まれながらの自由

●

2015年6月22日　初版発行

著者／ジャック・オキーフ
訳者／五十嵐香緒里

編集／杉田巳樹子
DTP／大崎恵

発行者／今井博央希
発行所／株式会社ナチュラルスピリット
〒107-0062 東京都港区南青山5-1-10 南青山第一マンションズ602
TEL 03-6450-5938　FAX 03-6450-5978
E-mail　info@naturalspirit.co.jp
ホームページ http://www.naturalspirit.co.jp/

印刷所／株式会社 暁印刷

ISBN978-4-86451-169-8 C0010
落丁・乱丁の場合はお取り替えいたします。
定価はカバーに表示してあります。

●新しい時代の意識をひらく、ナチュラルスピリットの本

あなたの世界の終わり
「目覚め」とその〝あと〟のプロセス
アジャシャンティ 著
髙木悠鼓 訳
25歳で「目覚め」の体験をし、32歳で悟った著者が、「目覚め」後のさまざまな、誤解、落とし穴、間違った思い込みについて説く！ 定価 本体一九〇〇円＋税

大いなる恩寵に包まれて
アジャシャンティ 著
坪田明美 訳
アメリカで人気の覚者が、自分を解き放った時に訪れる、覚醒と恩寵について語る。
定価 本体二〇〇〇円＋税

自由への道
スピリチュアルな悟りへの実践ガイド
アジャシャンティ 著
坪田明美 訳
スピリチュアルな目覚め、エゴという夢の状態からエゴを超越して目覚めた状態へ移行することについて書かれた、スピリチュアルな悟りへの実践ガイドブック。
定価 本体一〇〇〇円＋税

根本的な幸せへの道
「大いなる自己」で生きる
ジーナ・レイク 著
鈴木里美 訳
カウンセリング心理学の修士号を持ち、チャネラーとしても有名な著者自身の悟りの体験をもとに、「本当の幸せとはなにか」をわかりやすく説く。
定価 本体二一〇〇円＋税
Journy Into Now
「今この瞬間」への旅
レナード・ジェイコブソン 著
今西礼子 訳
「悟り」は「今この瞬間」にアクセスすることによって起こる。西洋人の覚者が語るクリアー・ガイダンス。
定価 本体二〇〇〇円＋税

沈黙からの言葉
スピリチュアルな目覚めへの招待状
レナード・ジェイコブソン 著
今西礼子 訳
三部作シリーズ第一弾！「実在（プレゼンス）」から語りかける言葉が、あなたを「覚醒」に導く。今この瞬間に目覚めて、人生を変容させる準備が整った人たちへ。
定価 本体一六〇〇円＋税

この瞬間を抱きしめる
目覚めた人生の生き方
レナード・ジェイコブソン 著
今西礼子 訳
三部作シリーズ第二弾！ あなたが完全に「この瞬間」に存在しているとき、あなたのマインドは静まり返っています。
定価 本体一六〇〇円＋税

●新しい時代の意識をひらく、ナチュラルスピリットの本

意識は語る
ラメッシ・バルセカールとの対話

ウェイン・リコーマン 編
高木悠鼓 訳

ラメッシ・バルセカールの大著、遂に刊行！ 在るという感覚、私たちの意識の本質についての長編。

定価 本体 三三〇〇円＋税

誰がかまうもんか?!
ラメッシ・バルセカールのユニークな教え

ラメッシ・S・バルセカール 著
ブレイン・バルドー 編
高木悠鼓 訳

ニサルガダッタ・マハラジの弟子、ラメッシ・バルセカールが、現代における「悟り」の概念を、会話形式によってわかりやすく軽妙に説く。

定価 本体 二五〇〇円＋税

ラマナ・マハルシとの対話
［全3巻］

ムナガーラ・ヴェンカタラーマイア 記録
福間 巖 訳

『トークス』遂に完訳なる！（全3巻）シュリー・ラマナ・マハルシの古弟子によって記録された、アーシュラマムでの日々。定価 本体 ［第1巻 三〇〇〇円／第2巻 二五〇〇円／第3巻 二六〇〇円］＋税

不滅の意識
ラマナ・マハルシとの会話

ポール・ブラントン
ムナガラ・ヴェンカタラミア 記録
柳田 侃 訳

ユング、ガンディーが敬慕した20世紀最大の覚者ラマナ・マハルシの珠玉の教え。沈黙の聖者との貴重な対話録。

定価 本体 二五〇〇円＋税

あるがままに
ラマナ・マハルシの教え

デーヴィッド・ゴッドマン 編
福間 巖 訳

真我そのものであり続けたマハルシの教えの真髄。悟りとは――生涯をかけて体現したマハルシの言葉が、時代を超えて、深い意識の気づきへと誘う。

定価 本体 二八〇〇円＋税

ラマナ・マハルシの伝記
賢者の軌跡

アーサー・オズボーン 著
福間 巖 訳

16歳で悟りを得たのち、生涯を聖山アルナーチャラで送った20世紀の偉大な覚者、ラマナ・マハルシの人生をつづった伝記。

定価 本体 二五〇〇円＋税

静寂の瞬間
ラマナ・マハルシとともに

バーラティ・ミルチャンダニ 編
山尾三省、福間 巖 訳

ラマナ・マハルシ生誕125周年記念写真集。その賢者の姿から放たれる神聖な輝きを今に蘇らせています。

定価 本体 一五〇〇円＋税

お近くの書店、インターネット書店、および小社でお求めになれます。

●新しい時代の意識をひらく、ナチュラルスピリットの本

幻想からの解放
ある異邦人の手記
富平正文 著
若くして覚醒した日本人の、とても繊細な書。どこか危うさを伴いながら、するどく自我や心のプログラムの幻想を解析し、超越した何かを示唆する意欲作。
定価 本体一八九〇円＋税

二十一世紀の諸法無我
那智タケシ 著
快著『悟り系で行こう』の著者が放つ第二作。巨大な断片に支配された我々現代人を、そのくびきから解放するための書。
定価 本体一〇〇〇円＋税

悟りを開くためのヒント
斉藤啓一 著
20数年前の著者の「悟り」の体験と、さまざまなエピソードをまじえ、考察を深め、真実の生き方を見つめてきた、著者渾身の快作！
定価 本体一五〇〇円＋税

ある瞑想家の冒険
ボブ・フィックス 著
釘宮律子 訳
世界的な瞑想家の波乱に富んだ半生。悟りとはどういうものか？ それに至る道のりとは？ そしてチャネリングの本質とは？ 悟りの時代に生きるためのメッセージ。
定価 本体一八〇〇円＋税

クォンタム・エンライトメント
超人生のススメ
ボブ・フィックス 著
伯井アリナ 訳
悟りとは、脳波がガンマ波になることだった⁈ 世界的瞑想家による、ガンマ波と量子論と「悟り」を結びつけた、画期的な本。
定価 本体一八〇〇円＋税

時空を超えて生きる
Kan. 著
肉体を消し、また肉体ごとテレポテーションができ、次元を往来し、時空を旅する。それだけでなく、「悟り」の意識を体得する人物。その半生と時空の仕組みを語る！
定価 本体 一五〇〇円＋税

P・R・サーカーのことば
シュリ・プラバート・ランジャン・サーカー 著
石戸谷 滋 訳
未来社会のビジョンを描いた、初めての邦訳！ サーカーの言葉の根底に流れる叡智、深い愛を感じることができる一冊。
定価 本体二〇〇〇円＋税

お近くの書店、インターネット書店、および小社でお求めになれます。